COFFEE

LIFE

이 책은 단순히 원리와 이론을 나열하는 책이 아니다.
매 순간 커피에 푹 빠져 있는 어느 바리스타의 진솔한 이야기다.

COFFEE LIFE

커피 라이프

아이비라인 Publishing Co.

Prologue

커피를 내린다.

편안하다.

향기롭다.

오직 나만을 위한 시간이다.

아침마다 의식처럼 커피를 내린다.
그때만큼은 나와 내가 느끼는 것들에 오롯이 집중할 수 있다.
매일 만나는 창밖의 풍경도 커피와 함께하면 새롭게 다가온다.
다양한 색깔의 자동차들과 반듯한 차림으로
출근길을 재촉하는 사람들이 눈에 들어온다.
그저 지나치는 게 익숙했던 평범한 장면들을
느긋하게 감상하는 재미가 쏠쏠하다.
커피로 시작하는 하루는 별다를 것 없는 일상을
특별하게 채워 주는 힘이 있다.

'라이프스타일Lifestyle'이라는 말이 일상에 스며든 지 오래된 만큼,
자신의 생활방식에 관심을 갖고 고민하는 자세는
우리에게 더 이상 낯설지 않다.
먹고 마시고 잠을 자는 지극히 당연한 삶의 패턴을
의무적으로 받아들이기보다 어떻게 더 잘 먹고 잘 살 것인지를
생각하고 행동한다면 분명 더 즐겁고 행복해질 거라 믿는다.

밖에서 끼니를 해결하는 경우가 대부분이라 모처럼 쉬는 날이면
집에서 간단하게나마 음식을 해 먹는다.
하루는 유명 셰프의 레시피 영상을 보면서 파스타를 만들었는데,
포인트는 면을 삶는 시간이었다.
평소보다 빠르게 면을 삶아 완성한 파스타의 산뜻한 식감은
단골 파스타 집의 그것과 비슷했고 절로 눈이 동그래지는 맛이었다.
같이 사는 사람 역시 믿기지 않는 듯한 표정을 지으며
만족스럽게 한 그릇을 비웠다.

작은 호기심과 실천으로 매일 똑같은 식사시간을
더 의미있게 채울 수 있다는 것을 경험한 순간이었다.

라이프스타일에 옳고 그름은 없다.
그저 다름만 있을 뿐이다.
소박한 여유와 마음의 안정을 취할 수 있는
간단한 방법을 찾고 있는 사람들에게 커피를 권하고 싶다.
혼자, 또는 누군가와 함께 시간을 보낼 때도 커피는 늘 곁에 둘 수 있다.

커피는 쉽게 예상할 수 없는 우리의 삶과 닮았다.
원두에 따라, 만드는 방식에 따라 그 면면이 다양하고
내리는 사람의 기분과 마음가짐에 따라서도 미묘하게 맛이 다른 게
무궁무진한 매력이 있다.

나는 이제 막 커피에 관심을 갖기 시작한 독자들이
이 책을 통해 더 즐거운 커피 경험을 쌓아갔으면 한다.
커피 맛에 대한 기본적인 개념과 추출방법 및 도구,
다양한 레시피와 팁 등을 소박한 글과 사진, 그림으로 고루 담았다.
완벽한 결과물을 내는 비법을 제시하기보다
커피와 가까워질 수 있는 재미있는 방법을 소개하려 했다.
커피를 참 좋아하는 바리스타의 솔직한 이야기들이
커피 라이프의 묘미를 알려주는 좋은 친구처럼
여러분에게 다가갔으면 한다.

Chang Hyunwoo 장현우

Contents

THE MOMENT
I DRINK COFFEE,
I DO BELIEVE
EVERYTHING.
BEANPROJECT

삶을 온도와 계절에 비유했을 때,
지금 우리는 너무 차가운 겨울을
지나고 있지 않은지 돌아볼 필요가 있다.
따뜻한 바람에 취해 단잠에 빠질 수 있는
그런 봄날 같은 시간이 우리에겐 꼭 필요하다.

내게 그 시간은 바로

커피가 있는 시간이다.

볼거리도 읽을거리도 먹을거리도 많은 요즘,

우리는 읽고 생각하고 이야기하고, 맛보고, 기록한다.

그날 경험한 사람, 책, 영화, 음악, 음식에 대한 짧은 감상을 적기 위해

얼굴과 이야기와 장면과 가사와 맛들을 떠올려 본다.

머릿속을 맴도는 갖가지 생각들을 온전한 문장으로 적어본다.
종이와 펜, 그리고 커피 한 잔이면 어렵지 않은 일이다.

하루를 기억하는 더 좋은 방법을 찾고 있다면, 시작해 보자.

It's Coffee Life!

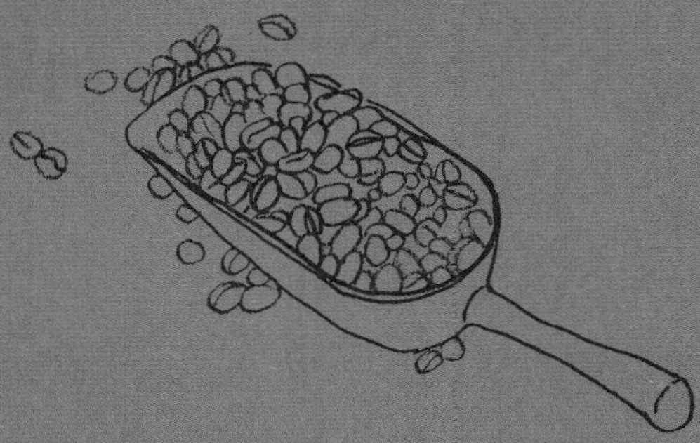

Chapter 1

커피 향과 맛의 핵심

COFFEE BEANS

커피빈

커피 플레이버 / 나의 커피 타입 / 원두 구매 가이드

원두 보관법 / 커피를 즐기는 요소

DARK NIGHT

1-1

COFFEE FLAVOR

커피 플레이버

무궁무진한 커피의 맛

— 커피 플레이버

아주 어릴 때부터 같이 뛰놀던 네 명의 친구들이 있다. 20년 이상 함께했으니 좋아하는 음식이나 취미생활까지 서로 모르는 게 없다. 내가 커피에 완전히 빠져 사는 것도 5인방 친구들 사이에서는 너무나 오래된, 그래도 언제나 흥미로운 뉴스거리다. 10년 전이었던가? 아주 추운 겨울날, 우리는 호기롭게 강릉의 바닷가에 놀러갔다. 추위에 떠는 친구들에게 나는 핸드드립으로 에티오피아 커피를 내려 주었다. 따뜻하고 향기로운 커피는 누구에게나 각별했지만, 맛 평가는 모두 달랐다. 내게는 감귤이나 오렌지와 같은 화사한 산미가 인상적으로 다가왔던 반면, 몇몇 친구들은 그저 씁싸래하다고 이야기했다. 취향이나 입맛이 꽤 비슷한 친구들이었음에도 모두 느끼는 게 달라 커피를 표현하는 방식도 제각각이었던 것이다. 커피 플레이버는 커피가 가진 향과 맛을 의미하며, 개인의 경험과 환경에 따라 혹은 미각, 후각, 촉각과 같은 감각기관의 민감한 정도에 따라 사람마다 느끼는 커피 플레이버는 다를 수 있다.

그러고 보면 커피는 마치 처음 만났을 때는 낯설고 다가가기 힘들지만 함께하는 시간이 길어질수록 곁에 자리해 때론 힘을 주기도, 때론 속을 상하게도 하는 친구와 닮았다. 지금이야 아메리카노나 카페라떼가 새로울 것 없는 익숙한 음료지만, 카페에서 원두커피를 처음 접했을 때 이름도 낯선 메뉴판 앞에서 긴장해 본 경험이 누구나 한 번씩은 있을 것이다. 나 역시 쓰고 진한 커피가 처음에는 생소하기만 해서 항상 시럽을 넣어 마시곤 했다. 그러다 하루는 호기심에 에스프레소를 주문했는데, 한 모금을 넘겨 보니 신기하게도 경계심은 곧 사라지고 특유의 짙은 향과 무게감이 입안에 종일 여운을 남겼다. 그 강렬한 기억 때문에 그때부터 조금씩 커피를 궁금해 하기 시작했던 것 같다. 즐겨 찾는 메뉴와 카페가 생기고 여유가 있을 때는 핸드드립 커피를 주문하기도 하면서.

원두의 종류마다 커피 맛이 다르다는 것을 알게되고 나만의 커피 취향이 생기면서 내가 좋아하는 커피도 분명해졌다. 평소 자극적인 음식을 잘 먹지 않고 가볍고 달콤한 맛을 좋아하는 나에겐 화려한 산미와 과일향이 특징인 에티오피아 커피가 입맛에 가장 잘 맞는 녀석이다.

— 커피 플레이버 휠

커피 플레이버는 굉장히 다채롭다. 우리가 김치를 먹을 때는 특별한 부연 설명 없이 그저 김치 맛이라고 단순하게 이야기하지만 커피 맛을 분석할 때처럼 김치 맛을 설명하면 다음과 같다.

"매운맛의 강도는 중간 정도이고
원재료인 배추에서 나는 깔끔한 단맛,
숙성 과정을 거치면서 생기는
탄산같이 톡톡 튀는 식감,
먹고 난 후 길게 이어지는
새우젓의 아로마를 가진 김치다."

일반적으로 김치나 된장국처럼 일상적인 음식은 이렇게 표현할 일이 많지 않지만, 커피는 입안에 전체적으로 퍼지는 향과 맛, 온도, 향미의 세기, 입에 머금고 있을 때의 촉감 등을 재료의 특성과 원산지, 심지어 재배 및 가공 방식 등과 연관 지어 구체적으로 풀어낸다. 향미는 후각과 미각뿐만 아니라 여러 가지 감각의 자극을 통해 전해지는 복합적인 느낌을 말하며, 이는 커피를 이해하는 중요한 요소 중 하나다. 향미에 대한 기호는 민족, 지역, 연령, 식문화 등에 따라 차이가 있다. 그래서 커피는 향에 관한 표현만 수백 가지고, 맛에 관한 표현은 약 100개 정도로 나뉘며 더 세분화할 수도 있다.

이에 다양한 커피향미를 카테고리별로 정리한 원형 도표인 커피 플레이버 휠Coffee Flavor Wheel이라는 향미 용어 안내서가 존재한다. 플레이버 휠은 커피를 비롯해 와인, 맥주, 위스키, 꿀 등의 향미 평가에 널리 쓰이며, 향미의 특성을 단어와 색으로 구분해 표시한 것이 특징이다. 이를 활용해 각자가 느낀 향미를 표현하고 다른 사람들과 의견을 공유할 수 있다.

COFFEE FLAVOR WHEEL

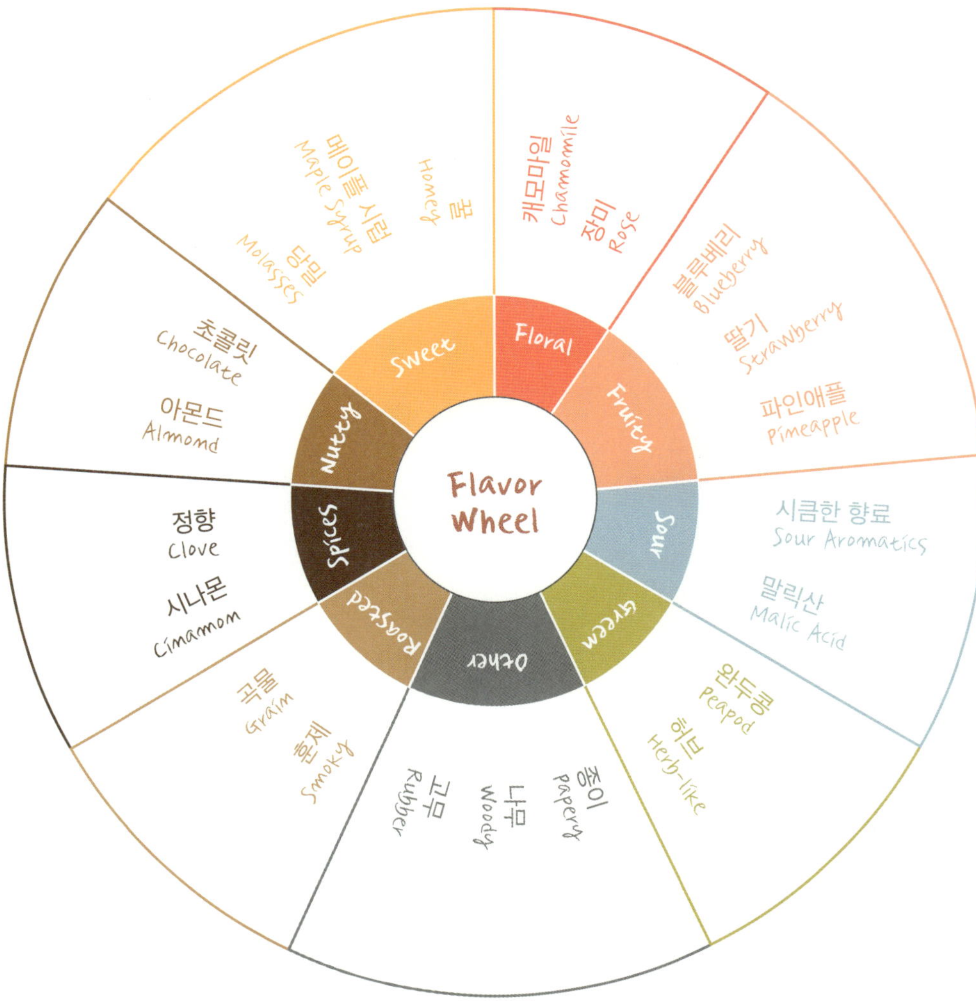

커피 플레이버 휠

커피향미는 꽃, 과일, 채소 등 이 세상의 모든 식품과 화학물질 등에 빗대어 표현한다. 플레이버 휠에는 한국에서 잘 먹지 않는 과일이나 낯선 허브들도 등장하기 때문에, 나는 해외여행을 가면 과일시장을 꼭 찾는다. 얼마 전 떠났던 여행에서도 서양배를 종류별로 테스트하고 고수Coriander와 같은 허브나 생라즈베리 등 국내에서는 접할 기회가 별로 없는 과일과 허브들을 잔뜩 맛보고 돌아왔다. 아직 매력적인 커피 맛의 세계를 만나지 못한 사람들에게 나는 다양한 향미를 적극적으로 경험해 볼 것을 권하고 싶다. 그리고 그 첫걸음은 커피 맛이 만들어지는 과정을 이해하는 것이 아닐까.

우리가 알고 있는 원두는 생김새가 체리를 닮아 커피체리라고 하는 커피나무의 열매를 수확해, 붉은색의 과육을 벗겨 낸 후 그 안에 들어 있는 씨앗을 볶은 것이다. 보통 씨앗 상태인 것은 표면이 옅은 녹색이나 노란색을 띠기 때문에 커피업계에서는 흔히 생두Green bean나 커피콩Coffee bean이라 부른다.

커피 플레이버는 원재료인 생두 상태에서 대부분 완성된다. 생산지역의 지리적 특성과 기후, 재배고도, 가공방식 등에 따라 생두는 고유의 플레이버를 갖게 된다. 로스팅은 생두의 특성을 잘 파악하고 알맞은 방식으로 열을 가해 생두가 가진 플레이버를 발현시키는 작업이다. 그런데 로스팅을 통해 생두가 가지고 있는 플레이버가 잘 구현되었다 하더라도 제대로 추출하지 못하면 무용지물이다. 그런 의미에서 맛있는 커피 한 잔을 완성하는 데 있어 생두, 로스팅, 추출은 모두 중요한 요소이자 과정이라는 것을 잊지 말자.

이제부터는 커피에서 어떤 것들을 느낄 수 있는지 알아보자. 커피를 느낄 수 있는 요소들로는 맛, 향, 촉감, 여운, 무게감 등이 있고 개인의 취향에 따라 비중을 두는 순서가 다르다. 사람마다 감각을 인지하는 정도가 다르기 때문이다.

맛 Taste

단 맛 Sweetness

커피의 단맛은 명확하게 느낄 수 있는 브라운 슈가Brown Sugar와 감귤류 과일에서 느껴지는 시트러스 스위트Citrus Sweet로 구분할 수 있다. 라이트 로스팅한 에티오피아 커피에서는 주로 감귤류 과일의 단맛이, 미디엄 로스팅한 브라질 커피에서는 브라운 슈가의 단맛이 도드라진다.

신 맛 Acidity

커피의 신맛은 라임, 레몬, 오렌지, 자몽과 같은 감귤류의 과일과 포도, 딸기, 블루베리와 같은 베리류의 과일, 그밖에 배, 복숭아, 사과, 파인애플 등과 같은 다양한 과일에서 느낄 수 있는 산미다. 좋은 신맛은 커피의 품질을 평가하는 기준이 되기도 한다. 커피의 신맛은 강도와 함께 'good'과 'bad'. 즉, 좋다, 나쁘다로 표현할 수 있다. 얼굴이 찡그려질 만큼 떫은 덜 익은 과일의 신맛은 'sour'라고 하며, 이러한 커피는 좋은 인상을 남기기 힘들다.

쓴 맛 Bitterness

커피의 쓴맛은 로스팅 과정에서 생성되는 경우가 대부분이다. 맛의 종류가 다양하지 않아 주로 다크 초콜릿Dark Chocolate으로 단순하게 표현하며, 강도로 나타낼 수도 있다.

무게감 Body

커피의 무게감은 1차적으로 생두의 특성과 로스팅 방식에 의해 결정되며, 이후 추출방식에 따라서도 좌우된다. 무게감은 입안에 닿는 느낌, 촉감으로 느낄 수 있는 커피의 강도라고 생각하면 된다. 농도라고 봐도 무방하다.

새싹

커피 나무

커피체리

가공

로스팅

Brown Sugar
브라운 슈가

- 허니Honey
- 캐러멜라이즈Caramelize
- 메이플 시럽Maple Syrup
- 당밀Molasses

Cocoa
코코아

- 다크 초콜릿Dark Chocolate
- 초콜릿Chocolate

Nutty
너티

- 아몬드Almond
- 헤이즐넛Hazelnut
- 피넛Peanut

Berry
베리

- 딸기Strawberry
- 블루베리Blueberry
- 라즈베리Raspberry
- 블랙베리Blackberry

Dry Fruit
드라이 프루트

- 자두Plum
- 건포도Raisin

Citrus Fruit
시트러스 프루트

- 라임Lime
- 레몬Lemon
- 오렌지Orange
- 자몽Grapefruit

Others
기타

- 배Pear
- 복숭아Peach
- 사과Apple
- 포도Grapefruit
- 파인애플Pineapple
- 석류Pomegranate
- 체리Cherry
- 코코넛Coconut

우리가 느낄 수 있는 커피의 맛

1-2

MY COFFEE TYPE

나의 커피 타입

좋아하는 커피 찾기

— 카페에 가기

누구나 한 잔의 커피가 선사하는 잠깐의 여유를 느껴 본 적이 있을 것이다. 하루 일과나 업무 중에 잠시 짬을 내어 마시는 시원한 아메리카노도 좋고, 책 한 권을 챙겨 산책길에 나선 주말 오후, 동네 단골카페에 들러 마시는 고소한 카페라떼 한 잔도 좋고, 오랜만에 만난 친구와 마주보며 마시는 따뜻하고 부드러운 카푸치노 한 잔도 좋다. 구수하게 풍기는 커피 볶는 냄새, 한 잔 한 잔 주문이 들어올 때마다 들리는 원두 가는 소리, 스팀밀크를 만들기 위해 칙칙 증기를 내뿜는 소리. 생각이 많을 때 카페 안 공기와 소음에 몸을 맡기고 그 시간에 파묻혀 있다 보면 마음 한 구석이 편안해진다. 커피에 푹 빠져 사는 내 친구는 카페에서 들리는 소리들을 녹음해 집중력이 흐려질 때 듣는다. 바리스타가 커피를 만드는 소리와 사람들이 소곤대는 소리, 그 사이 사이를 채우는 음악 소리가 작업에 몰두할 수 있게 해 준다고 한다.

FILTER 6,0
COFFEE ROASTERS

마음에 드는 카페가 하나 둘 늘어나고 그곳에 머무는 횟수가 잦아질수록 커피와 가까워지게 된다. 커피를 자주 마시다 보면 자연스럽게 내가 좋아하는 맛에 대한 기준도 생기는데, 보통은 어떤 메뉴를 즐겨 찾는지를 되새기면서 자신의 취향을 가늠해 본다.

나는 카페라떼를 정말 좋아한다. 하루에 열 잔 이상 마실 때도 있을 정도다. 특히 약하게 볶은 원두로 추출한 에스프레소 더블샷에 약 59℃ 쯤의 온도로 따뜻하게 스티밍한 우유를 부어 먹는 것을 가장 좋아한다. 특유의 가볍고 고소한 풍미가 입안에 감도는 것을 느끼며 흙탕물처럼 잔잔한 갈색 커피를 가만히 바라보는 것이 나만의 소소한 습관이기도 하다.

— 취향 가늠해 보기

나는 파스텔 톤의 색깔을 좋아하고, 그중에서도 편안한 느낌을 주는 빛바랜 초록색을 좋아한다. 커피도 너무 자극적이거나 어느 특정한 맛만 도드라지게 튀는 것보다 편안하게 다가오는 것들이 데일리 커피로 적합하다. 고소한 맛과 신맛, 쓴맛의 균형이 잘 잡혀 있는 적절한 농도의 커피가 매일 마시기 좋다.

우리가 늘 먹는 밥도 사람마다 좋아하는 질감이 제각각이다. 나는 씹을수록 올라오는 쌀의 단향을 좋아해 질게 지은 하얀 쌀밥을 살짝 식혀 먹는 것을 즐긴다. 그런 것처럼 커피도 고소하고 달콤한 맛이 나는 것을 선호하는 편이다. 체질적으로 진한 커피가 잘 맞지 않아 바리스타로 일한 지 얼마 안 돼서 에스프레소를 너무 많이 마시고 병원에 실려 가는 해프닝도 겪었다. 다행히 지금은 여러 잔의 에스프레소도 적당히 즐길 수 있게 되었지만 말이다. 이렇듯 각자 나름대로의 취향과 기준이 있기에 모든 사람에게 맛있는 커피를 만나기란 쉽지 않은 일이다. 대신 나에게 잘 맞는 커피를 한 번 찾아보도록 하자.

기호에 맞게 체크해 보세요.

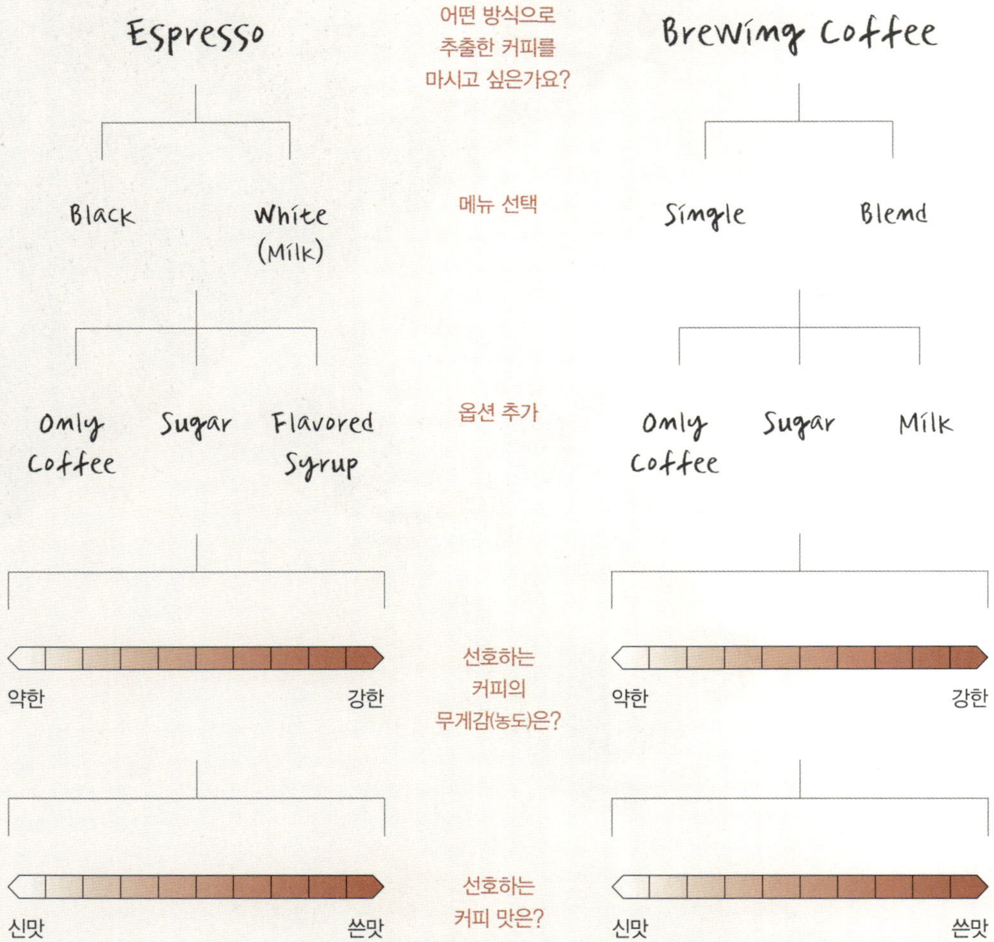

MY COFFEE TYPE

나의 커피 타입

Coffee Beans
Sugar
Water
Syrup
Cinnamon
Lemon

COFFEE BEAN FOR HOM
TIGER PUNCH
BEANPROJECT
BLACK SUGAR
BEANPROJECT
LOLLY
DARK NIGHT
TIGER PUNCH
BLACK SUGAR
BEANPROJECT

1-3

A GUIDE TO CHOOSING COFFEE BEANS

원두 구매 가이드

매일 마시고 느낄 것

"맛있는 원두 추천해 주세요."

바리스타로 일하면서 손님들은 물론 지인들에게도 자주 받는 질문 중 하나다. 앞서 이야기했듯이 커피는 개인의 기호가 크게 작용하는 식품이기 때문에 이런 질문을 받을 때마다 전문가인 나도 막막해질 수밖에 없다. 선택의 방향을 가다듬을 수 있는 일정한 기준이 있다면 부담도 덜한 법이기에 여기서는 원두의 특성에 대해 알아본 후 구입 방법을 이야기하려 한다. 먼저 우리에게 친숙한 음식에 빗대어 접근해 보자.

"맛있는 고기 추천해 주세요."

어떤 음식을 만들 때 쓸 고기인가. 주말 저녁 와인에 곁들일 스테이크? 태국식 볶음밥에 들어갈 얇게 저민 민스드 포크Minced Pork? 만들고자 하는 음식에 따라 필요한 고기의 부위도 달라진다. 언제 먹을 것인지, 몇 명이 먹을 것인지도 사전에 알아두어야 한다. 그럼 이제 커피 얘기로 다시 돌아가 보자.

어디서 원두를 사야 할까?

무엇보다 중요한 것은 경험이다. 만약 집 근처에 로스터리 카페가 있다면 주저하지 말고 들어가 바리스타에게 궁금한 것들을 솔직하게 물어보자. 로스터리 카페에서는 직접 로스팅을 하기 때문에 커피향미와 추출에 대한 이해도가 높은 바리스타가 다양한 정보를 알려줄 수 있다. 아직 자신만의 단골카페를 만들지 못했다면 지금 당장 주변의 로스터리 카페를 검색해 찾아가 보는 것이 맛있는 원두를 고르는 첫 번째 방법이다.

포장 단위

원두는 보통 한 손에 쏙 들어오는 크기의 봉투에 100g, 200g, 250g 단위로 담겨 있다. 대용량 벌크bulk 포장의 경우 500g, 1kg 단위로 포장한다.

한 번에 얼마나 구입하는 게 좋을까?

하루에 몇 잔 정도 커피를 마시는가? 핸드드립 커피는 보통 한 잔에 15~20g의 원두를 사용하기 때문에 200g이면 약 열 잔 정도의 커피를 추출한다고 볼 수 있다. 한 번 커피를 내릴 때 계량저울로 원두의 양을 측정한 다음, 일주일에 커피를 몇 잔 정도 마시는 지 계산해 적당량의 원두를 구입하는 것이 좋다.

내가 하루에 마시는 커피 양	**2**Cup	**3**Cup	**4**Cup
1주일 동안 마시는 커피 양	**14**Cup	**21**Cup	**28**Cup
2주일 동안 사용하는 원두양	**420**g	**630**g	**840**g
2주에 한 번 구입해야 하는 원두양	Coffee 200g X **2**bags	Coffee 200g X **3**bags	Coffee 200g X **4**bags

원두 구입량

Too Fresh
Best
덜 익은 아보카도 (초록색)
잘 익은 아보카도 (검은색)
덜 익은 바나나 (초록색)
잘 익은 바나나 (노란색)
MON
1
THU
4
당일 로스팅한 원두
로스팅한 지 3~4일이 지난 원두

원두의 안정화 기간

오늘 볶은 커피가 가장 맛있는 커피?

나는 종종 아보카도를 사서 샐러드를 만들어 먹는다. 처음 초록색 아보카도를 맛봤을 때는 두 번 다시 먹지 않겠다고 다짐했다. 그리고 몇 년 뒤 우연히 음식 관련 책을 보다가 아보카도 고르는 방법을 알게 됐고 그제서야 그 맛을 제대로 즐길 수 있었다. 아보카도는 후숙 과일이다. 초록색 아보카도는 실온에서 3~4일가량 보관했다가 진한 검은색으로 변했을 때 먹기 좋은 상태가 된다. 원두도 아보카도와 비슷하다. 원두는 안정화 기간이 필요해서 며칠 동안 숙성 과정을 거치는 것이 좋다. 갓 로스팅한 원두는 고유의 향이 풍부하지만, 그만큼 가스가 많이 남아 있다. 분쇄원두에 물을 부으면 가스가 물줄기의 흐름을 방해해 물이 고르게 적셔지지 않고 커피가 한쪽으로만 추출되어 텁텁하고 무거운 맛이 강하게 느껴진다. 그러므로 로스팅한 지 3~4일이 지난 원두를 2주 안에 소진할 것을 추천한다.

커피 그라인더가 꼭 필요할까?

그렇다. 여기에 계량저울까지 더하면 금상첨화다. 미리 분쇄한 원두는 향이 많이 빠져 있다. 원두를 갈면 공기와 접촉하는 면적이 늘어나 커피의 향기 성분이 쉽게 날아갈 수 있다. 한 알의 원두, 즉 홀빈Whole Bean 상태에서 갇혀 있던 커피의 향기 성분이 분쇄를 하면 휘발성으로 인해 더 빨리 흩어지기 때문이다. 우리가 빵을 구입할 때도 마찬가지다. 이미 썰어 놓은 빵을 산다면 그날 바로 다 먹는 것이 좋다. 빵을 자르면 공기와 접촉하는 면적이 늘어나 질감이 푸석해지고 맛과 향도 떨어진다. 빵을 그때그때 잘라먹어야 더 맛있는 것처럼 원두도 커피를 마시기 직전에 그라인더로 갈아 내리는 것이 고유의 향과 맛을 온전히 즐길 수 있는 최적의 방법이다.

Guatemala
Ethiopia
Rwanda
Specialty Coffee Bean | Medium Roast
Brazil

원두 패키지 라벨은 어떻게 읽어야 할까?

원두 패키지 라벨에는 커피의 다양한 정보가 담겨 있다. 생산지는 나라명, 지역명, 농장명 순으로 표기하며 그 뒤에 커피의 등급이나 품종에 관한 내용을 작성하기도 한다. 라이트, 미디엄, 다크와 같이 로스팅 정도를 나타낸 로스팅 포인트와 로스팅 날짜도 적는다. 일반적으로 국내에서 로스팅한 원두의 유통기한은 1년이며, 맛있게 마실 수 있는 기간은 2주 내외다.

나라명이 아닌 특정 이름이 적혀 있다면 그것은 블랜딩된 원두다. 음식을 만들 때 여러 가지 재료를 활용해 맛을 보완하듯 블랜딩은 두 가지 이상의 원두나 생두를 혼합해 각각의 좋은 특성을 살리면서 개성 있는 커피 플레이버를 구현하는 작업이다. 로스터들은 자체적인 기준을 가지고 커피의 맛과 향, 촉감 등을 결정해 블랜드를 개발한다.

가공방식은 보통 워시드Washed나 내추럴Natural 등으로 표기되어 있는데, 이는 커피체리를 수확한 뒤 과육을 벗기고 말리는 워시드 프로세싱Washed Processing과 커피체리를 통째로 말리는 내추럴 프로세싱Natural Processing을 뜻한다. 워시드 커피는 맛이 깨끗하고, 향이 화사하며, 내추럴 커피는 단맛이 좋고 무게감이 있는 편이다. 이외에도 재배고도와 토양, 생산자, 수확연도, 인증마크 등의 구체적인 정보를 표시하기도 한다.

우리는 매일 먹고 마시는 것에 대해 깊이 생각하지 않고 무감각한 경향이 있다. 평소 접했던 식문화가 아닌 이상 많은 시간을 투자해 쌓은 경험만이 새로운 맛과 향에 대한 이해를 도울 것이다. 아주 가끔 시간을 내서 마시는 커피가 아니라, 매일 마실 커피를 찾는다면 그러한 경험들이 맛있는 커피를 선택하는 데 좋은 밑거름이 될 것이다.

BLEND

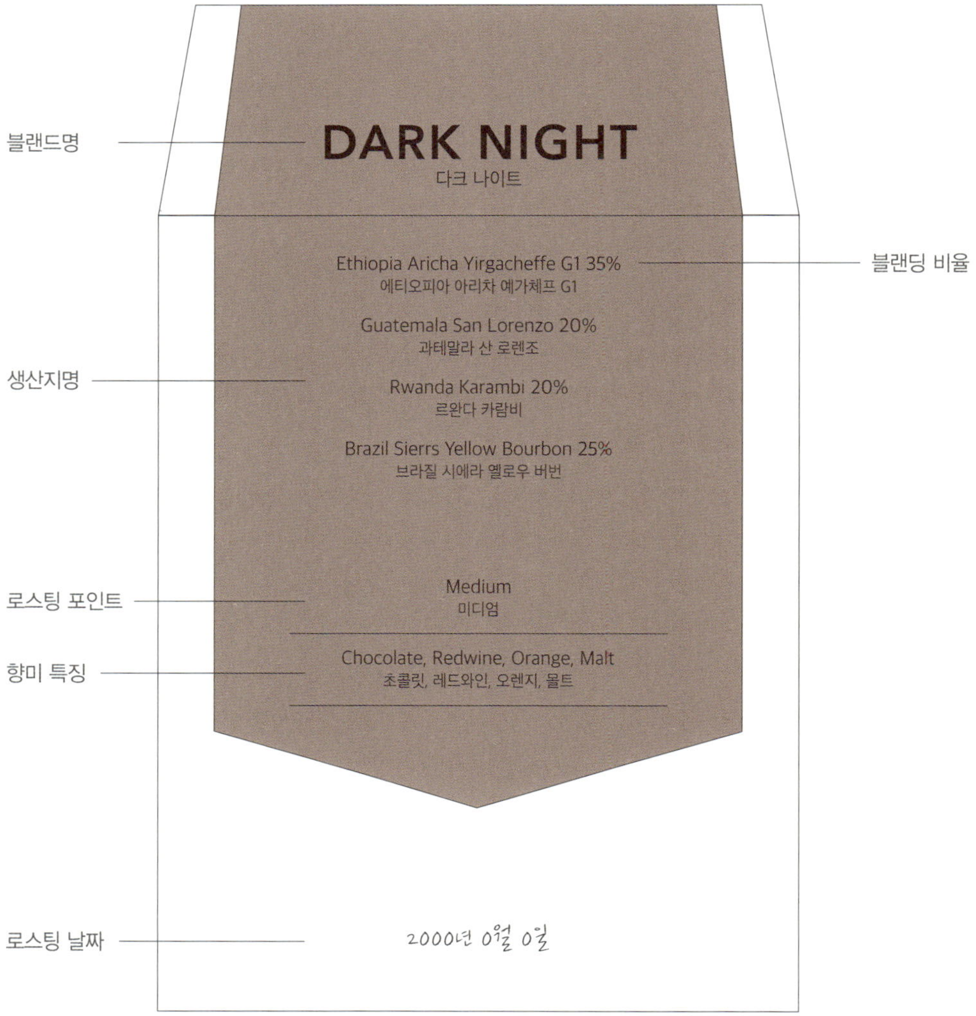
블랜드명
DARK NIGHT
다크 나이트
Ethiopia Aricha Yirgacheffe G1 35%
에티오피아 아리차 예가체프 G1
블랜딩 비율
Guatemala San Lorenzo 20%
과테말라 산 로렌조
생산지명
Rwanda Karambi 20%
르완다 카람비
Brazil Sierrs Yellow Bourbon 25%
브라질 시에라 옐로우 버번
로스팅 포인트
Medium
미디엄
향미 특징
Chocolate, Redwine, Orange, Malt
초콜릿, 레드와인, 오렌지, 몰트
로스팅 날짜
2000년 0월 0일

SINGLE ORIGIN

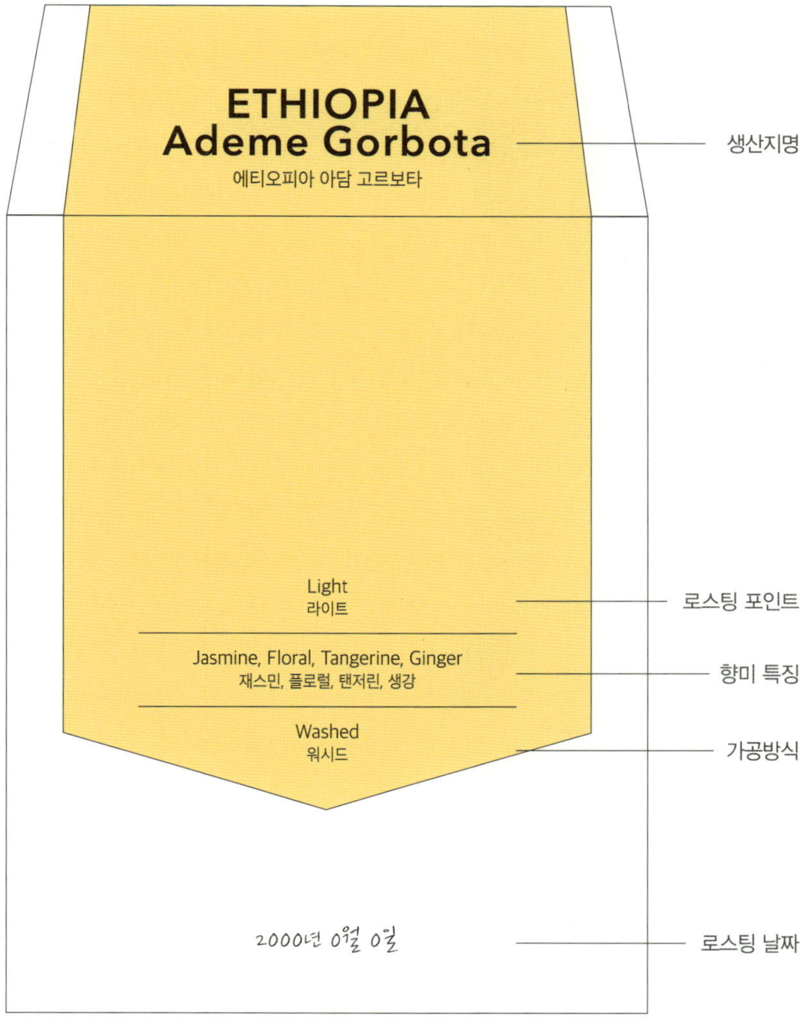

TIGER
SEASONAL BLEND
BEAN PRO_JECT
COFFEE ROASTERS
100g
COLOMBIA
MEDIUM . SEOUL
BEAN PRO_JECT
COFFEE ROASTERS
100g
KIAMABARA
KENYA
MEDIUM . SEOUL
BEAN PRO_JECT
COFFEE ROASTERS
100g
GUATEMALA
MEDIUM . SEOUL
BEAN PRO_JECT
COFFEE ROASTERS
100g
OTHER
KIVU LAKE
RWANDA
MEDIUM . SEOUL
BEAN PRO_JECT
OTHER

1-4

THE BEST METHOD OF KEEPING COFFEE BEANS

원두 보관법

부지런히 마시고 꼼꼼히 보관하기

— 원두 보관 방법

식품을 보관하는 방법은 실온, 냉장, 냉동 등으로 분류할 수 있다. 원두는 기본적으로 산패되는 것을 막기 위해 공기와의 접촉을 최소화하고 직사광선이나 온도 변화가 큰 장소는 피하는 것이 좋다. 커피 역시 일반적인 식품과 보관 방법이 크게 다르지 않지만 맛있는 커피를 마시기 위해 지켜야 할 두 가지 요소가 있다.

공기

원두는 공기와 접촉하는 순간부터 산패가 시작되기 때문에 보관할 때 패키지 내부의 공기를 최대한 빼서 완전히 밀봉해야 한다. 원두 패키지 자체가 원두를 보관하는 데 최적화되어 있기 때문에 다른 용기에 옮겨 담기보다 패키지째 보관하는 것을 추천한다.

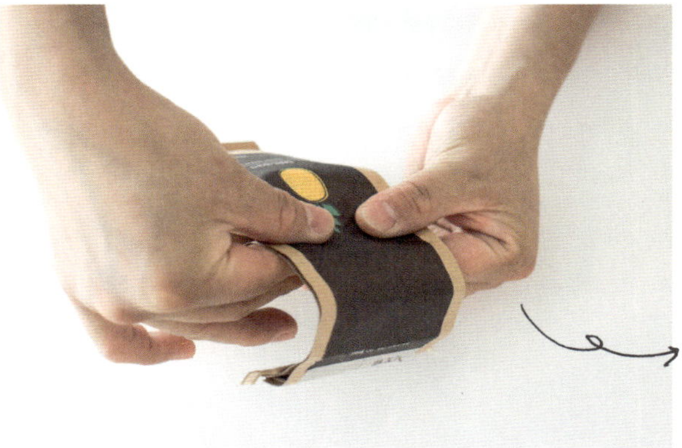

원두가 차 있는 상태에서
끝부분을
집게손가락으로 잡기

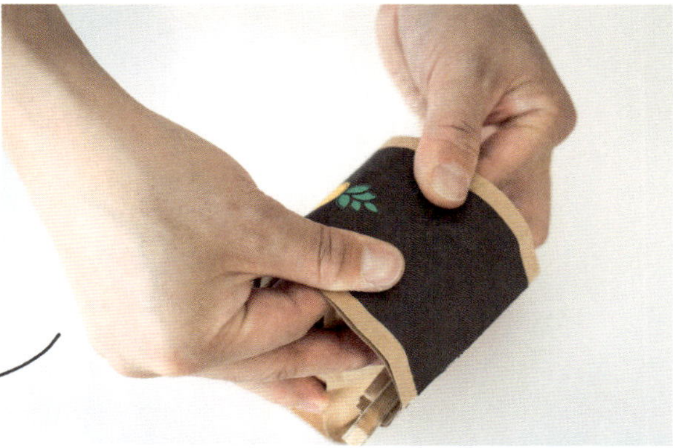

경계선을
꾹꾹 눌러 접기

접은 부분을 타이로 묶어
밀봉하기

원두 패키지 접는 법

패키지 상단을
다시 한 번 눌러
남아있는 공기 모두
빼내기

내부에 빈 공간이 없도록
전체적으로 패키지
눌러주기

패키지에 담긴
상태로 보관

온도

원두는 서늘한 곳에 보관하는 것이 가장 좋다. 간혹 냉장고나 냉동실에 보관해야 한다는 이야기가 있지만 이는 다른 식재료의 냄새가 밸 수 있으며, 무엇보다 원두가 가장 맛있을 시기에 커피를 마시지 않겠다는 뜻으로 들린다. 원두는 장기간 보관해 두고 먹는 식품이 아니다. 로스팅 후 2~3일 뒤부터 약 2주간 즐기는 신선식품이다. 그래서 실온 보관을 추천하는 것이다. 내가 자주 이용하는 보관 장소는 주방 선반이다. 직사광선을 피할 수 있는데다 서늘하고 실내온도를 적절히 유지해 원두의 신선도를 지킬 수 있다. 원두를 오래 보관하는 데 시간과 비용을 투자하기보다 2주 동안 부지런히 마시고 즐긴 다음, 다시 신선한 원두를 구입하는 습관을 들이는 것이 더 현명하다.

원두는 최소한의 양만 구입하는 것이 좋다. 500g, 1kg 단위로 포장된 원두는 혼자 마시기에 꽤 많은 양이므로 그때그때 적당량을 구입해 빨리 소진하는 것이 낫다. 하루에 커피를 두 잔 가량 마신다면 일일 원두 사용량은 40g 정도가 될 것이다. 그러면 일주일에 한 번, 200g짜리 원두를 구입하면 된다. 원두를 덜어낸 후에는 향이 날아가지 않도록 원두 패키지 내부의 공기를 최대한 빼서 밀봉하는 것을 잊지 말자.

DARK NIGHT
Cup Note Chocolate, Red Wine, Orange, Malt
200g
COFFEE
BEANPROJECT
ROASTERS
ZIPPER
에티오피아
다 마
워 시 드
29 MAY 2018

1-5

THE PLEASURE OF ENJOYING COFFEE

커피를 즐기는 요소

언제 어디서나 만족스럽게

— 감각을 깨우는 커피

커피는 감각을 깨우는 음료다. 코와 입으로 향과 맛을 즐길 수 있을 뿐만 아니라 눈과 귀를 열어 주기도 한다. 구수하거나 화사한 또는 은은한 커피 특유의 향과 맛에 마음을 빼앗겼다면, 이제는 직접 커피를 내리면서 감각의 영역을 확장시켜 보자. 원두를 갈면서 공기 중에 퍼지는 마른 커피 향을 느끼는 것도, 적당히 느슨하게 힘을 주고 커피가루 위에 쪼르르 물을 부으며 부드럽게 몸을 풀어보는 것도 즐겁다. 커피를 다 내린 다음, 기호에 맞게 물을 희석했을 때 오묘하게 변하는 색깔을 관찰하는 것도 재미있다. 생기 없이 반복되는 하루 일과 중 커피를 내리는 시간은 나를 둘러싼 주변의 아름다움을 발견할 수 있게 해 준다.

시각

보통 '커피' 하면 향기 즉, 후각과 관련된 표현을 먼저 떠올리겠지만, 커피를 내리면서 경험할 수 있는 시각적 아름다움 또한 빼놓아서는 안 된다. 잠시 일상에서 벗어나 커피를 내리는 시간은 활력을 되찾게 해 준다. 나는 사무실에 앉아서 일을 하다가도 자주 커피를 내린다. 커피를 내리면서 취하는 짧은 휴식은 지친 몸을 풀어주고 일의 능률도 한층 높여 준다.

드립포트Drip Pot의 물이 끓어오르면서 김이 모락모락 피어난다.
드리퍼Dripper에 올려둔 새하얀 종이필터 위에 분쇄원두를 담아
평평하게 하고, 드립포트를 가까이 가져다 댄다.
물줄기와 물 붓는 속도를 조절하기 쉬운 드립포트는
입구가 마치 백조의 목선같은 우아한 곡선미를 뽐낸다.
몸의 무게중심을 살짝 앞으로 옮겨 찬찬히 물을 부으면
다시 김이 피어오르면서
물이 스며든 곳마다 보글보글 거품이 올라온다.
물에 적셔진 커피가루는 초콜릿 머핀처럼 촘촘히 뭉쳐
봉긋하게 부풀어 오른다.
잠시 후 똑똑똑, 드리퍼 아래로 커피가 한 방울씩 떨어지기 시작한다.
서버Server 바닥에 커피 방울이 잦아질수록
투명한 유리 서버가 맑은 갈색으로 물든다.
유리에 햇빛이 반사되면, 추출된 커피는
적색에 가까운 고운 빛깔을 뽐내기도 한다.
하얗고 빳빳했던 종이필터는 어느새 연한 갈색으로 물들어 있다.
맑은 커피색, 촉촉하게 적셔진 필터,
반짝이는 투명한 유리 서버를 번갈아 돌아보며
굳어 있던 몸과 마음을 조금이나마 풀어본다.

후각

나는 냄새에 민감한 편이라 어떤 상황과 공간에 놓였을 때 후각적 경험을 토대로 당시의 기억들을 생생히 떠올리는 경우가 많다. 냄새가 단지 대상에 대한 감각에 그치는 것이 아니라 인식의 확장으로 이어지는 것이다. 좋은 향은 그 자체로 우리 몸에 긍정적인 영향을 미친다. 식물의 향기와 약효를 이용해 신체와 정신의 균형을 찾는 요법인 아로마 테라피를 떠올리면 이해하기 쉽다.

커피를 내리면 나를 둘러싼 주변 구석구석이 커피 향으로 가득 채워진다.
그라인더에 원두를 넣고 천천히 가는 동안 공기중으로
퍼져가는 향을 맡는 것만으로도 얼굴에 미소가 번진다.
커피를 본격적으로 추출하기 전에 잘 갈린 원두를
코에 가까이 대고 숨을 크게 들이쉰다.
나만의 향기 요법이라고 할 수 있을 만큼
그 순간 느끼는 안정감은 역설적이지만, 짜릿하기까지 하다.
분쇄 원두의 향을 충분히 느낀 뒤 종이필터에 고르게 담는다.
그런 다음, 천천히 뜨거운 물을 부으면 김이 모락모락 피어오르면서
물에 젖은 커피 향이 코 끝을 통해 들어와 식도를 자극한다.
따뜻한 온도감과 풍부하면서도 은은한 커피 향을 즐기는 이 시간은
내게 하나의 의식이나 다름없다.

공간

복잡한 하루를 준비하며, 혹은 보내는 와중에, 아니면 모두 마무리한 후에 커피가 있는 시간과 공간에 나를 맡겨 보자. 취향에 맞는 단골카페를 찾는 것도, 개성 있고 멋진 카페에서 색다른 분위기를 느껴 보는 것도 좋다. 나로서는 아무래도 집이 가장 편한 곳이다.

보통 식탁에 앉아 커피를 마시지만

가끔은 거실 소파에 앉아 책 한 권과 함께 즐기기도 한다.

생각을 정리하고 싶을 때는 창문 앞에 우두커니 서서

한 손에 든 커피를 손난로 삼아

멍하니 창밖을 바라보기도 한다.

사실 커피와 어울리지 않는 공간이 있을까 싶다.

여행지나 낯선 장소에서도 커피를 만나면 마음이 편안해진다.

은은한 커피 향이 그토록 반가울 수가 없다.

BEANPROJECT

Chapter 2

다양한 커피 추출 도구

COFFEE GEAR
커피 기어

홈 브루잉 툴 / 커피 그라인더 / 커피 드리퍼 / 모카포트
프렌치프레스 / 커피메이커 / 콜드브루 메이커
가정용 커피머신 / 에어로프레스 / 사이폰

2-1

HOME BREWING TOOLS

홈 브루잉 툴

집에서 커피를 내려 마실 때 필요한 기본 도구들

드립포트
Drip Pot
원두
Coffee Beans
타이머
Timer
그라인더
Grinder
계량스푼
Measuring Spoon
계량저울
Scale
FELLOW
START
STOP
DARK NIGHT
TIME
TARE

2-2

COFFEE GRINDER

커피 그라인더

향기로운 커피를 만나기 위한 필수품

그라인딩은 원두를 분쇄하는 작업이며, 원두를 분쇄하는 기구를 커피 그라인더라고 한다. 그라인딩은 커피 추출의 첫 단추라 할 수 있다. 분쇄원두에서 커피 성분을 끌어내는 원리는 아주 단순하다. 추출속도와 시간은 물의 유속과 유량에 의해 좌우되는데, 이때 분쇄원두의 입자 크기 즉, 원두의 분쇄도와 입자의 형태가 중요한 역할을 한다. 한 알의 원두 상태일 때보다 미세한 커피가루가 되었을 때 물과 만나는 표면적이 훨씬 늘어나기 때문이다. 분쇄원두와 물이 만나는 면적이 넓을수록 커피 성분을 더 빠르게 추출할 수 있고, 커피 성분이 충분히 추출되면 맛 또한 진해진다.

핸드밀
Hand Mill

그라인딩 타이밍

원두는 물을 붓기 직전에 갈아야 한다. 원두를 분쇄하면 향물질이 발산하면서 공기 중에 다채로운 커피 향이 퍼지게 된다. 분쇄한 지 오래된 원두로 커피를 추출하면 맛은 있어도 향은 없는 경우가 있다. 신선한 원두를 추출 직전에 갈았을 때 나는 풍부한 향을 기준으로 좋은 커피인지 아닌지 판단해 볼 수도 있다.

그라인더 종류

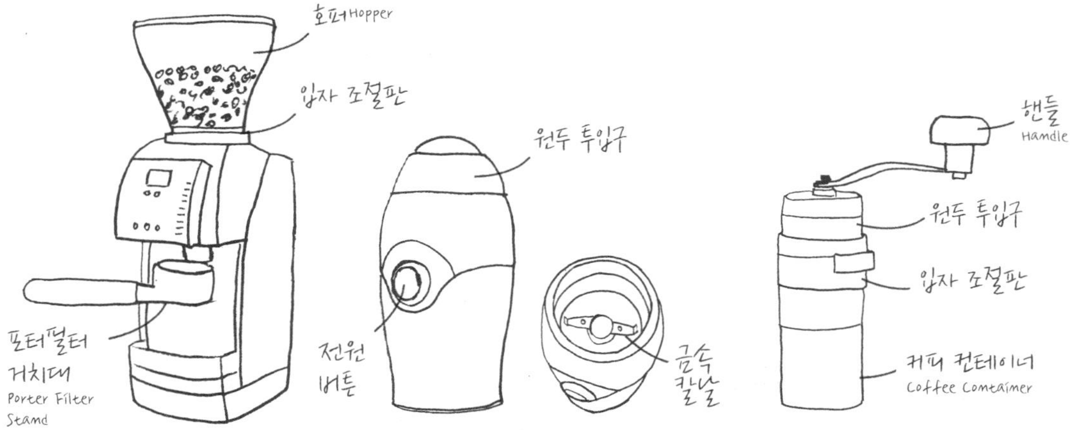

자동(전동 그라인더)

집에서 에스프레소 머신을 주로 사용한다면 전자동 그라인더를 구비하는 것이 좋다. 에스프레소는 압력을 이용해 추출하는 커피이기 때문에 원두가 높은 압력을 견딜 수 있도록 고운 입자로 갈아야 하며, 분쇄도의 미세한 차이에 따라 맛이 크게 달라진다. 가정용 전자동 그라인더는 반자동 그라인더, 수동 그라인더와 달리 에스프레소 분쇄도부터 핸드드립용 분쇄도까지 분쇄원두의 입자를 보다 정밀하게 조절하고 정량으로 분쇄할 수 있는 상급 그라인더이다. 분쇄 전 원두를 넣는 호퍼와 원두의 분쇄도를 조절하는 입자 조절판, 분쇄된 원두가 담기는 포터필터 거치대 또는 컨테이너로 구성되어 있다.

반자동(칼날형 그라인더)

가정용 반자동 그라인더는 가격이 저렴하고 조작이 간편해 입문자용으로 많이 추천한다. 그라인더 상단의 원두 투입구 안에 칼날이 장착되어 있으며, 원두를 넣고 뚜껑을 닫은 후 전원 버튼을 눌러 작동시키면 된다. 가정용 반자동 그라인더는 모터와 연결된 하단의 금속 칼날이 회전하며 중력에 의해 아래로 떨어지는 원두를 분쇄하는 방식이다. 원두가 칼날에 반복적으로 부딪히면서 입자 크기가 점점 작아진다. 전원 버튼을 누르고 있는 시간만큼 원두가 분쇄되는데, 분쇄도가 균일하지 않다는 단점이 있다.

수동(핸드밀)

아날로그 감성을 선호하고 핸드드립 커피를 좀 더 여유롭게 즐기고 싶다면 수동 그라인더도 좋다. 가정용 수동 그라인더는 일반적으로 핸드밀을 의미하며, 원두를 넣고 핸들을 돌리면 원두가 분쇄되는 방식이다. 원두가 갈리는 느낌이 손끝에 그대로 전해지는 것이 마치 맷돌을 돌리는 것과 비슷하다. 가격은 저렴한 것부터 아주 고가인 것까지 다양하지만 성능에 조금씩 차이가 있을 뿐 기능은 크게 다르지 않다. 핸드밀은 상단에 원두 투입구와 핸들이 있고, 중앙에는 원두 분쇄도를 조절하는 입자 조절판, 하단에는 커피 컨테이너가 있다.

TIP 핸드밀을 빠르게 돌릴수록 원두가 빠르게 갈릴까?

핸드밀로 커피 한 잔 분량의 원두를 분쇄하려면 핸들을 150번 이상 돌려야 한다. 하지만 아무리 힘차게 핸들을 돌려도 한 번에 갈리는 원두의 양에는 한계가 있다. 때문에 핸드밀을 사용할 때는 급하게 굴 필요가 없다. 되도록 천천히 여유롭게 핸들을 돌리며 원두가 날 사이로 들어가 갈리는 진동과 소리를 느껴보길 바란다.

그라인더 날

그라인더는 날의 종류에 따라 버Burr 그라인더와 칼날형Blade 그라인더로 나뉜다. 버 그라인더는 두 개의 날이 동시에 맞물리면서 원두를 분쇄하는 방식으로 결과물이 균일하다.

칼날형 그라인더는 흔히 알고 있는 믹서기처럼 회전 칼날을 이용해 원두를 부수고 쪼개는 방식이다. 입자 크기를 원하는 정도로 조정할 수 없고, 한 번에 많은 양의 원두를 빠르게 분쇄하기 때문에 분쇄도가 일정하지 않다. 분쇄하는 시간이 길어질수록 원두의 입자 크기가 점점 작아져 원두의 분쇄도를 균일하게 맞추기가 까다로운 편이다.

당연한 얘기지만 그라인더는 사용량이 많아질수록 날이 빨리 마모된다. 그라인더 날의 크기와 재질, 원두의 로스팅 정도에 따라서도 날이 마모되는 속도가 제각각 다르다. 평소와 똑같이 커피를 추출했는데도 계속 좋지 않은 맛이 나거나 분쇄된 원두 입자의 크기가 지나치게 불규칙할 때는 날의 수명이 다한 것이니 그라인더를 교체하면 된다. 하루에 한 잔씩 매일 커피를 마시는 사람이라면, 가정용 그라인더를 기준으로 사용기간을 5년 정도로 예상한다. 날 사이즈가 좀 더 크고 자주 커피를 마시지 않는다면, 보통 7~8년 이상 사용할 수 있다.

TIP 그라인더 날은 어떻게 청소해야 할까?

그라인더 날은 대개 스테인리스 스틸이나 세라믹 소재로 되어 있다. 세라믹 재질의 날을 가진 그라인더는 물 세척이 용이하다. 한 달에 한 번 날을 분리해서 물로 씻은 다음, 완전히 건조시켜 다시 결합하면 된다. 그라인더 날은 스테인리스 스틸 재질로 된 것이 대부분인데, 분리가 가능할 경우 커피가루가 뭉쳐 있는 부분을 붓으로 털어주면 된다. 만약 분리하기 어렵다면 작은 진공청소기로 원두 투입구와 토출부를 청소하면 된다.

FINE
ANFIM
Milano - Italy
FINE
ANFIM
Milano - Italy
MICROMETRICAL GRINDING ADJUSTMENT
REGULATION MICROMÉTRIQUE DE LA MOUTURE
REGOLAZIONE MACINATURA MICROMETRICA

2-3

COFFEE DRIPPER
커피 드리퍼

아날로그 감성의 베이직한 커피 추출도구

홈카페에 입문할 때 가장 먼저 접하게 되는 커피 추출도구가 바로 드리퍼다. 드리퍼를 사용하는 추출방식을 흔히 '핸드드립Hand-drip'이라고 부르는데, 이는 문법상 오류가 있긴 하지만 누구나 직관적으로 쉽게 이해할 수 있는 표현이라고 생각한다. 분쇄원두에 물을 직접 부어서 커피를 내리는 이 추출방식을 영어권 국가에서는 '브루잉Brewing'이라고 한다. '브루Brew'는 차를 '끓이다', '우리다', 커피를 '내리다'라는 뜻을 갖고 있다. 쉽게 말해, 순수하게 물과 원두만을 이용해 내린 커피를 '핸드드립 커피', '브루잉 커피'라고 이해하면 된다.

물줄기와 물을 붓는 방향, 속도 등을 일정하고 정교하게 조절하는 일본식 추출방식을 핸드드립이라 하고, 상대적으로 틀에 얽매이지 않고 자유롭게 물을 붓는 미국식 추출방식을 '푸어오버pour-over'라 하는 것도 알아두면 좋겠다.

드리퍼는 비교적 쉽고 빠르게 커피를 추출할 수 있는 도구이며 정리하기도 편하다는 장점이 있다. 개인적으로는 커피를 만드는 과정이 가장 동양적이고 의식처럼 보이는 도구라고 생각한다. 드리퍼는 1908년 독일의 멜리타 벤츠Melitta Bentz 부인이 커피필터를 개발하면서 대중화됐다. 이후 종이필터가 만들어지기 전까지는 주로 천이나 융으로 된 섬유필터를 사용했다. 세척이나 보관이 불편한 섬유필터에 비해 상대적으로 간편하고 위생적인 종이필터는 낭만적인 커피 라이프를 위한 훌륭한 아이디어 상품이었다고 할 수 있다.

드리퍼는 의외로 매일 사용하고 있거나 주방 어딘가에 방치돼 있을 가능성이 높은 흔한 커피 추출도구 중 하나다. 그만큼 대중적이며 모양과 재질, 사이즈별로 선택할 수 있는 범위도 넓다. 가장 보편적인 소재는 플라스틱이다. 정확히는 폴리프로필렌Polypropylene이라는 재질이며, 잘 깨지지 않고 무게도 가벼워서 초보자가 다루기에 좋다. 세라믹이나 동, 스테인리스 스틸 소재로 된 드리퍼도 있다.

사이즈는 2~4인용이 적당하다. 가장 많이 쓰는 사이즈이며 물을 붓기도 어렵지 않다. 이보다 더 작은 사이즈의 드리퍼도 나쁘지 않지만 그보다 큰 사이즈는 별로 권하고 싶지 않다. 우선 물을 붓기가 쉽지 않고, 다량의 커피를 추출하기 위해 한 번에 너무 많은 물을 부으면 분쇄원두 위쪽에서만 추출이 일어나 커피 성분이 과하게 추출되고 쓴맛이 강해진다. 따라서 드리퍼로 많은 양의 커피를 추출해야 할 때는 2~4인용 드리퍼를 여러 개 사용하는 것을 추천한다.

APPROX
500
400
02
HARIO

COFFEE DRIPPER

다가가기

드리퍼(1~2인용), 종이필터, 원두를 준비한다.
드리퍼에 알맞은 종이필터를 끼우고
분쇄원두 한 스푼을 넣은 다음,
온수를 부어 커피를 추출한다.

준비물

저울
온도계
그라인더
종이필터
드립포트

나는 브루잉 커피를 내릴 때
약하게 로스팅한 원두를 20g 정도 사용하며, 분쇄도는 굵게 조절한다.
브루잉 커피는 보통 점적식으로 추출하기 때문이다.
점적식은 물이 커피가루에 고이지 않고 곧바로 통과하는 것이다.
하리오 V60 드리퍼에 종이필터를 놓고
분쇄원두를 담은 후 서버 위에 올린다.

드립포트에 물을 담아 온도를 95℃로 맞추고,
계량저울을 이용해 물 양을 체크한다.
드리퍼와 서버를 계량저울에 올려놓고 영점을 맞춘다.
30g의 물을 분쇄원두에 천천히 그리고 골고루 부어 준다.

이 작업은 이후 이어지는 본격적인 추출이
원활하게 이루어지도록 하는 준비 단계로,
뜸들이기 과정이라 부른다.

분쇄원두는 점차 촉촉하게 물을 머금고,

드리퍼 아래로 커피가 한두 방울씩 떨어진다.

물을 머금은 분쇄원두는 동그랗게 뭉쳐 부풀어 오른다.

핸드드립의 백미라고 할 수 있는 즐거운 순간이다.

처음 물을 붓고 1분이 지나면 이제 1차 추출에 들어간다.

분쇄원두에 60g의 물을 골고루 부어 준다.

물을 붓자마자 커피가 아래로 떨어지기 시작한다.

30초가 지나면 2차 추출을 시작한다.

이때 40g의 물을 더 부어 준다.

그리고 조금 더 기다린다.

추출이 끝나면 드리퍼를 옮긴 후 잔에 추출된 커피 양만큼 뜨거운 물을 채운다.

약 100g의 커피를 100g의 물로 희석해 주는 것이다.

RECIPE 라이트 로스팅한 원두 20g → 고운 모래 굵기로 분쇄 → 95℃의 물 → 30g의 물로 뜸들이기 → 1분 기다림 → 60g의 물로 1차 추출 → 30초 기다림 → 40g의 물로 2차 추출 → 30초 기다림 → 드리퍼 걷어내기 → 뜨거운 물 100g을 희석해 마시기

2-4

MOKA POT

모카포트

섬세하게 즐기는 진한 커피

모카포트는 클래식한 매력을 지닌 커피 추출도구다. 모카포트로 커피를 만들 때면 어린 시절 캠핑을 가서 밥을 지어 먹던 장면이 떠오른다. 캠핑장에서는 버튼만 누르면 간단히 해결되는 전기밥솥 대신 코펠 냄비를 사용한다. 압력과 시간을 체크해 가며 평소보다 번거롭고 수고스럽게 지은 밥은 더 특별한 맛이 난다. 모카포트로 커피를 내릴 때도 그렇다. 물과 분쇄원두를 주전자처럼 생긴 본체에 결합해 불 위에 올려놓으면 잠시 후 지글지글하는 소리와 함께 에스프레소가 추출된다. 진한 커피가 언제쯤 올라올 지 긴장된 마음으로 지켜보다 보면 어느새 모카포트 특유의 소리와 분위기에 젖어 있는 자신을 발견하게 된다.

모카포트는 보통 알루미늄 재질로 만들어 무게가 가볍고 열이 빠르게 전달되며 하부 보일러와 중앙 필터, 상부 추출구로 구성되어 있다. 하부 보일러에는 물을 채우고 중앙 필터에는 분쇄원두를 담아 상부 추출구와 결합한 다음 불 위에 올리면 물이 끓으면서 보일러 안에 수증기가 가득 차게 된다. 수증기의 압력에 의해 물은 중앙 필터를 거쳐 상부 추출구로 이동한다. 이때의 압력은 2~3bar로 에스프레소 머신의 9bar보다는 약한 수준이지만, 곱게 분쇄한 원두에 압력을 가하면 에스프레소처럼 물에 녹지 않는 커피의 오일 성분도 함께 추출된다. 이 오일 성분은 입안에 꽉 찬 듯한 촉감을 느끼게 해 준다. 매끄럽고 풍부한 질감이 모카포트 커피의 매력이라고 할 수 있다.

모카포트로 커피를 추출할 때는 일반 에스프레소에 사용하는 원두보다 한 단계 굵게 분쇄해야 한다. 모카포트는 원두의 분쇄도와 필터에 담는 분쇄원두의 양이 까다로운 변수로 작용하기 때문에 더 많은 정성과 공을 들여야 한다. 안전사고를 방지하기 위해 보일러에는 압력 밸브가 달려 있다. 분쇄원두의 입자가 너무 곱거나 원두를 정량보다 많이 담으면 수증기의 압력이 지나치게 높아져 중앙 필터를 통과하지 못하고 압력 밸브를 통해 밖으로 빠져나간다. 모카포트가 압력을 견디지 못하고 터져버리는 사고를 막기 위해서이니 안심해도 된다. 모카포트를 사용하고 나면 차가운 물로 본체를 씻은 다음 분리해 안쪽까지 잘 닦아 준다. 세척 후에는 물기를 제거하여 서늘한 곳에서 완전히 건조해야 한다.

MOKA POT

다가가기

모카포트 하부 보일러에 온수를 채우고
중앙 필터에 분쇄원두를 골고루 담는다.
본체를 모두 결합한 뒤
가스레인지 위에 수평 상태로 올려놓는다.
불을 약하게 켜고 상부 추출구에서
커피가 나오기 시작하면 불을 끄고
잔에 따라 즐긴다.

준비물

저울
그라인더
계량스푼
가스레인지
타이머

모카포트 본체를 모두 분리하고 하부 보일러에 온수를 90g 정도 채운다.
이때 차가운 물을 사용하면 물이 끓기까지 시간이 오래 걸리고
그사이 분쇄원두의 신선도가 떨어진다는 단점이 있다.
물을 부을 때는 본체가 뜨거우므로 주방 장갑을 끼는 것이 좋다.

중앙 필터에 곱게 분쇄한 원두 12g을 담는다.
모카포트 커피는 원두의 분쇄도에 크게 영향을 받기 때문에
반복적으로 추출해 보면서 가장 맛이 좋은 분쇄도 범위를 찾아야 한다.
작은 스푼으로 살짝 두드려 표면을 평평하게 한다.

하부 보일러, 중앙 필터, 상부 추출구를 모두 결합하고 약한 불로 가열한다.
얼마 뒤 지글지글하는 소리와 함께 커피가 끓어오르기 시작하고,
30초 후에 불을 끄면 60~70g의 커피가 추출된다.
그대로 마셔도 좋고, 따뜻한 물 100g을 희석해 부드럽게 마셔도 좋다.

RECIPE 미디엄 로스팅한 원두 12g → 고운 소금 굵기로 분쇄 → 하부 보일러에 90g의 온수 → 모두 결합한 후 약불로 가열 → 추출 시작 30초 후 불끄기 → 60~70g의 커피 추출 → 잔에 따라 마시기

2-5

FRENCH PRESS

프렌치프레스

거칠지만 자연스러운 맛의 커피

프렌치프레스는 커피의 원초적인 추출방식과 가장 가깝다. 프렌치프레스의 추출방식은 침출식으로, 비커처럼 생긴 본체에 분쇄원두와 물을 부어 커피 입자를 걸러낸 후 마시는 아주 간단한 추출도구다. 프렌치프레스는 원두 자체의 개성과 풍부한 향을 자연스럽게 끌어낸다. 이는 장점일 수도 단점일 수도 있는데, 당연히 좋은 원두를 사용한다면 그 장점은 배가 될 수 있다. 또한 미세한 커피 입자들이 그대로 추출되어 다소 탁하고 거친 느낌이 있지만 한 모금 마시면 그 향이 오래 지속된다.

프렌치프레스 커피를 만들기 위해 준비해야 할 것들은 복잡하지 않다.
프렌치프레스 하나만 있으면 되기 때문이다.
사이즈는 한두 잔을 기준이라면 350㎖,
서너 잔을 기준이라면 500㎖ 등으로 알맞은 용량을 선택하면 된다.
프렌치프레스는 손잡이가 달린 뚜껑과 내용물을 담는 비커,
커피 입자를 걸러내는 거름망,
뚜껑과 거름망을 연결하는 플런저Plunger로 구성되어 있다.

특유의 거친 느낌을 중화시키기 위해 프렌치프레스 커피를 추출한 후
다시 종이필터에 걸러 마시는 경우도 있는데,
개인적으로는 추천하지 않는다.
기호에 맞는 추출도구는 얼마든지 다양하므로
도구 자체의 특성과 매력을 이해하고
자신에게 적합한 추출도구를 찾아가길 바란다.

4CUPS OF
COFFEE
600
400
2CUPS OF
COFFEE
300
200
100

FRENCH PRESS

다가가기

프렌치프레스에 분쇄원두를 놓고
온수를 채운다.
1분 후 천천히 플런저를 눌러
커피를 추출한 다음
잔에 따라 마신다.

준비물

저울
온도계
그라인더
막대

먼저 프렌치프레스 본체에 따뜻한 물을 부어 예열한다.
시간이 어느 정도 지나면 물을 따라 버린 다음
브루잉용보다 조금 굵게, 굵은 소금 굵기로 분쇄한 원두 17g을 넣고
80~85℃의 물 250g을 한 번에 붓는다.

90℃ 이상의 온수는 안정적인 추출이 어려우므로 온도 조절에 유의하자.
10초간 막대로 분쇄원두와 물을 잘 섞어 준다.
물을 붓고 3분이 지난 뒤 플런저를 천천히 누른 다음,
커피를 잔에 따라 마신다.
커피가 조금 연하다면 다음번에는 분쇄원두의 입자를
전보다 가늘게 조정하면 된다.
원두 17g에 250g의 온수를 부어 커피를 추출하면
약 두세 잔 분량이다.
추출된 커피를 두 개의 잔에 번갈아 가며
조금씩 나눠 따르면 두 잔 모두 비슷한 농도로 즐길 수 있다.

한편, 프렌치프레스는 추출이 끝난 후에도
커피 입자에서 계속 성분이 추출되기 때문에 첫 잔을 따라 마신 다음,
시간이 지난 뒤에 남아 있는 커피를 다시 마시면 아주 진한 맛을 느낄 수 있다.
진한 커피를 좋아하지 않는다면 물을 붓고 1분 정도 우려낸 후
바로 잔에 따라 마시면 된다.

RECIPE 미디엄 로스팅한 원두 17g → 굵은 소금 굵기로 분쇄 → 80~85℃, 250g의 물 → 한 번에 붓기 → 10초간 막대로 저어 주기 → 3분 후 플런저 누르기 → 잔에 따라 마시기

2-6

COFFEE MAKER
커피메이커

바쁠 때도 간편하게

커피메이커는 전기를 사용하지만 클래식한 느낌이 묻어나는 커피 추출도구다. 추출의 모든 과정이 자동으로 이루어져 커피 맛이 일정하다는 장점이 있지만 온도를 포함한 다른 추출조건을 세세하게 조절하기는 어렵다. 그래도 균일한 맛을 편리하게 즐기기에는 커피메이커가 제격이라고 할 수 있다. 최근에는 윌파Wilfa나 모카 마스터Moccamaster와 같이 물 온도가 일정하고 추출속도 등의 조건을 조절할 수 있는 커피메이커가 출시되어 전문 바리스타들도 많이 활용하는 추세다.

커피메이커로 커피를 내릴 때는 라이트 로스팅 혹은 미디엄 로스팅한 원두를 사용하는 것이 좋다. 커피메이커는 내부에서 자체적으로 물을 끓여 커피를 추출하는 방식이기 때문에 다크 로스팅한 원두로 너무 높은 온도에서 커피를 추출할 경우 쓴맛이 도드라질 수 있다. 드리퍼처럼 생긴 반영구 커피필터가 내장돼 있지만 알맞은 모양의 종이필터를 더하면 보다 더 깔끔한 맛의 커피를 즐길 수 있다. 종이필터를 깔고 필터에 물이 어느 정도 고여 차올랐을 때 티스푼이나 막대로 저어주면 커피 성분을 골고루 추출할 수 있다.

전원 버튼을 눌러 곧바로 커피를 추출할 수도 있지만, 좀 더 섬세하게 맛을 조절하고 싶다면 전원 버튼으로 물줄기를 조절하는 방법을 제안한다. 커피메이커를 작동시킨 후 분쇄원두에 물이 전체적으로 적셔지면 전원 버튼을 끄고 잠시 기다린다. 다시 전원 버튼을 켜고 커피를 내리면 더 깊은 맛을 느낄 수 있다. 일종의 뜸들이기 과정을 거치는 것이다. 커피메이커에는 커피를 대량으로 추출한 후 장시간 따뜻하게 데워주는 워밍Warming 기능이 있지만 30분 내로만 사용할 것을 권한다. 추출한 지 오래된 커피는 맛과 향이 거의 남아 있지 않기 때문이다. 그때그때 바로 마실 만큼만 추출하고 워밍 기능은 되도록 사용하지 않는 것이 바람직하다.

커피메이커는 사용 인원을 고려해 최소 사이즈로 구입하는 것이 좋다. 보통은 하단의 서버 용량을 기준으로 사이즈를 판단하는데 1ℓ가 가장 일반적이며 이 정도면 예닐곱 잔 분량의 커피를 한 번에 만들 수 있다. 상단의 커피필터가 분리되는 제품이 세척이 용이하며 자동 꺼짐 기능이 있으면 더 안전하다.

COFFEE MAKER

다가가기

커피메이커에 물을 채우고
분쇄원두 두세 스푼을 넣는다.
전원을 켜고 커피가 모두 추출되면
잔에 따라 마신다.

준비물

저울
그라인더
종이필터

커피메이커에 내장된 커피필터에 종이필터를 놓고 분쇄원두 30g을 넣는다. 분쇄도가 너무 가늘면 물이 넘칠 수 있으니 브루잉용, 혹은 그보다 조금 더 곱게 분쇄한 원두를 준비한다.

물통에 물 500g를 넣고, 전원 버튼을 켠다.

'치' 하는 소리와 함께 추출구에서 물이 떨어지기 시작하면 전원을 끈다.

10초 동안 커피를 잘 저어 준 다음 다시 전원을 켜고
추출이 다 될 때까지 기다린다.
두세 잔 분량의 커피 약 430g이 추출되며,
물을 희석하지 않고 그대로 마셔도 된다.

RECIPE 미디엄 로스팅한 원두 30g → 고운 모래 굵기로 분쇄 → 500g의 물 → 추출구에서 물이 떨어지기 시작하면 전원 끄기 → 10초간 막대로 저어 주기 → 다시 전원을 켜고 추출하기 → 잔에 따라 마시기

BEANPROJECT

2-7

COLD BREW MAKER

콜드브루 메이커

한 방울씩, 기다림이 즐거운 커피

콜드브루 메이커는 상온의, 혹은 얼음을 넣은 차가운 물로 장시간 커피를 추출하는 기구다. 아직까지는 집에서 직접 만들기보다 카페에서 병에 담긴 진한 원액을 구입해 물이나 우유에 희석해 마시거나 아니면 연하게 추출된 콜드브루를 사서 그대로 마시는 경우가 많다. 콜드브루는 더치커피Dutch Coffee, 워터드립Water Drip이라고도 불린다. '더치Dutch'의 사전적 의미는 '네덜란드의', '네덜란드인의'이며, 더치커피는 과거 네덜란드 사람들이 식민지였던 인도네시아에서 재배된 커피를 배로 운반하는 동안 찬물에 우려 마신 데서 유래했다. 배 안에서는 불을 쉽게 사용하지 못하기 때문에 다양한 방법으로 커피를 추출하다 탄생했을 거라고 짐작된다. 이는 물 온도에 따라 커피 성분이 추출되는 속도가 다르다는 원리를 이해한 과학적인 접근이었다고도 볼 수 있다.

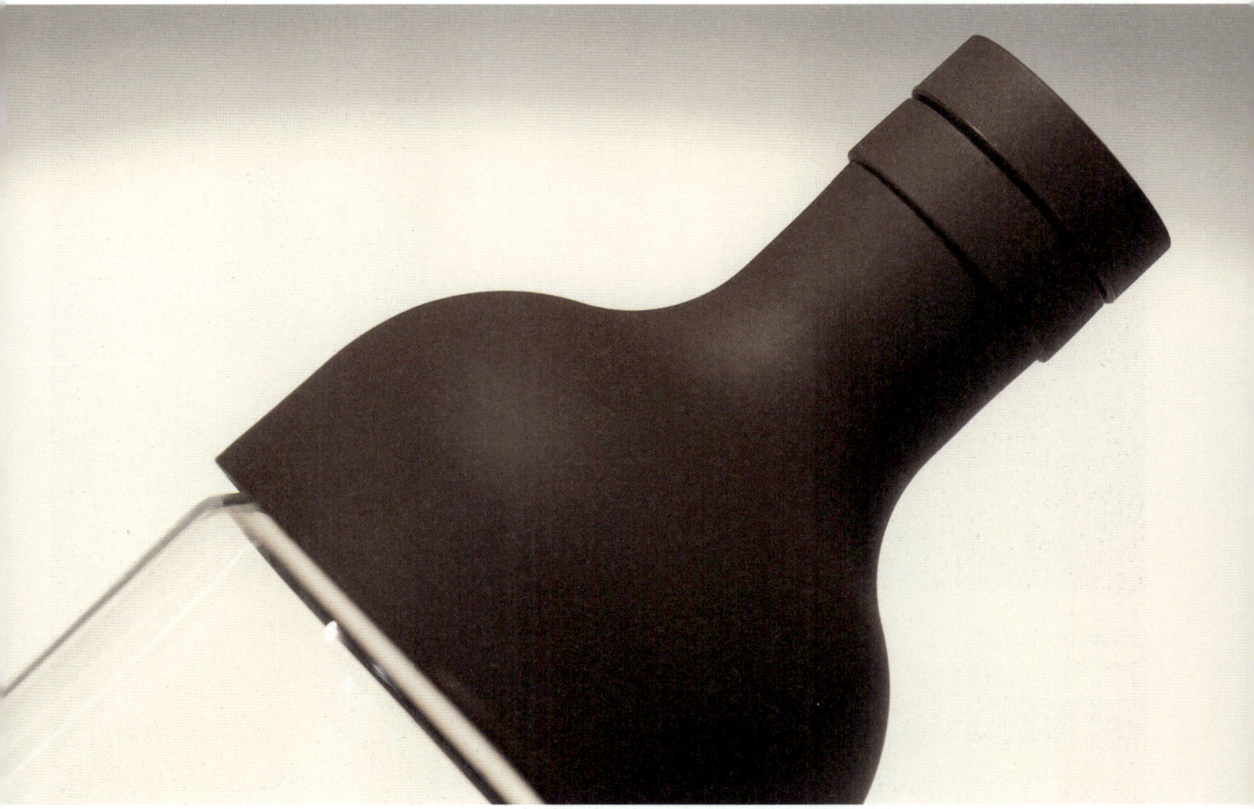

콜드브루 메이커는 분쇄원두에 물을 한 방울씩 통과시키는 점적식과 분쇄원두를 물에 담가 커피 성분을 우려내는 침출식으로 나뉜다. 점적식으로 커피를 추출할 때 너무 곱게 분쇄한 원두를 사용하면 물이 원활히 빠지지 않아 추출이 제대로 이뤄지지 않는 현상이 생길 수 있으므로, 고운 소금 정도의 굵기로 분쇄한 원두를 사용한다. 물은 3초에 한 방울씩 떨어지게 세팅하고 분쇄원두 상단에 물이 고이지 않도록 속도를 조절하면 된다. 침출식 콜드브루 메이커는 필터에 분쇄원두를 담고 물을 부어서 7~8시간을 우리는 방식이며, 실패할 확률이 적고 누구나 쉽게 사용할 수 있다. 점적식은 깔끔한 맛, 침출식은 묵직하고 깊은 맛이 특징이며, 두 방식 모두 추출 후 커피를 병에 옮겨 담은 상태에서도 남아있는 커피 입자에 의해 추출이 계속 진행된다. 때문에 병에 담긴 콜드브루를 며칠 후에 마시면 더 깊은 맛이 나기도 한다.

더운 여름철이나 실내 온도가 높을 때 얼음물로 커피를 추출하면 자칫 커피 성분이 과다 추출되어 맛이 쓰거나 텁텁해지는 현상을 막을 수 있다. 이때는 얼음을 넣은 만큼 물 양을 줄이면 된다. 점적식 콜드브루 메이커는 신선한 원두를 사용하기 어렵다. 추출 중 배출되는 가스로 인해 물을 머금은 분쇄원두가 넘치는 현상이 발생하기 때문이다. 보통 로스팅한 지 2주 이상된 원두를 권하며, 오래 보관한 원두를 적절하게 활용할 수 있는 좋은 기회라고 생각한다. 콜드브루는 차가운 물로 장시간 추출하기 때문에 우리가 흔히 마시는 커피와 다른 향미를 지니며, 몰트Malt, 위스키와 같은 색다른 플레이버를 느낄 수 있다. 앞서 말했듯이 추출이 끝나고 2~3일 후에 마시면 훨씬 더 풍부한 맛과 향을 느낄 수 있지만, 과다 추출이 되면 쓴맛이 진해지므로 2주 안에 소진하길 바란다.

COLD BREW MAKER

다가가기

콜드브루 메이커 필터에 분쇄원두를 담은 후
병에 냉수를 채우고
7시간 정도 추출한다.

준비물

저울
그라인더
얼음

커피필터에 분쇄원두 50g을 넣고 병에 냉수 700g을 채운다.

본체에 커피필터를 결합하고 그대로 냉장고에 7시간 정도 보관한다.

커피필터를 제거하고 추출된 콜드브루 커피를 마신다.

냉장고에서 1~2일 숙성한 후 마시면 더 풍부한 맛의 콜드브루를 맛볼 수 있다.

RECIPE 미디엄 로스팅한 원두 50g → 고운 모래 굵기로 분쇄 → 커피필터에 분쇄원두 담기 → 병에 차가운 물 700g 채우기 → 7시간 냉장 숙성 → 커피필터를 분리해 냉장 보관해서 마시기

COLD BREW MAKER

다가가기

콜드브루 메이커 필터에 분쇄원두를 담고,
종이필터를 올린다.
유리 서버에 분쇄원두가 담긴 커피필터를 끼우고,
그 위에 물통을 올려 냉수와 얼음을 채운 다음,
2시간 정도 기다리면 콜드브루 원액이 추출된다.

준비물

저울
그라인더
얼음

점적식 콜드브루 메이커는 가정용 제품인 이와키Iwaki를 기준으로 한 번 추출하면 두 잔에서 네 잔 분량의 커피를 마실 수 있다.
먼저 커피필터에 분쇄원두 40g을 담는다.
만약 물이 잘 빠지지 않고 넘친다면 분쇄도를 좀 더 굵게 조정해 다시 추출하면 된다.

분쇄원두에 종이필터를 올린다.

종이필터는 물이 분쇄원두를 골고루 적셔 커피 성분이 원활히 추출될 수 있도록 한다.

유리 서버에 분쇄원두가 담긴 커피필터를 끼우고 물통을 올린다.

냉수 300g과 얼음 100g을 채우고 2시간을 기다리면,

약 330g의 콜드브루 원액이 추출된다.

차가운 물을 기호에 맞게 희석해 마시면 된다.

냉장고에서 1~2일 숙성한 후 마시면

더 풍부한 맛의 콜드브루를 맛볼 수 있다.

RECIPE 미디엄 다크 로스팅한 원두 40g → 고운 모래 굵기로 분쇄 → 종이필터 올리기 →
300g의 냉수, 100g의 얼음 채우기 → 2시간 기다리기 → 330g의 콜드브루 원액 추출

2-8

HOME COFFEE MACHINE

가정용 커피머신

ESPRESSO MACHINE
에스프레소 머신

좀 더 역동적으로 커피를 즐기자

지금까지 이야기한 대부분의 추출도구들은 아날로그 방식에 가깝다고 할 수 있다. 원두와 물, 그리고 몇 가지 도구만 있으면 향기로운 커피 한 잔을 비교적 간단히 추출할 수 있을 뿐만 아니라 커피 고유의 맛을 표현할 수 있는 범위도 꽤 넓다. 이에 반해 에스프레소 머신은 일반적인 커피 추출도구와 비교하면 준비 과정이 복잡하고 커피 추출에 대한 깊이 있는 이해를 필요로 한다.

에스프레소 머신은 9bar의 압력으로 커피를 추출할 수 있는 펌프가 내장돼 있고, 1~1.5bar의 스팀을 가해 고운 우유 거품도 만들 수 있다. 매장에서 사용하는 상업용 에스프레소 머신과 달리 대부분의 가정용 에스프레소 머신은 물통에 물을 채워 사용하는 방식이다. 에스프레소 머신은 크게 전자동과 반자동으로 구분된다. 전자동 머신은 원두를 넣고 추출 버튼만 누르면 커피가 완성되지만, 반자동 머신은 분쇄원두를 포터필터에 담고 표면을 평평하게 하는 일련의 준비과정을 거쳐 커피를 추출한다. 그래서 전자동 머신은 상대적으로 편리하다는 장점이 있고, 반자동 머신은 준비과정이 세심한 만큼 커피를 추출하는 사람에 따라 맛의 범위가 다양하다는 것이 특징이다.

에스프레소는 단 30~40초면 결과물이 나오기 때문에 짧은 순간의 순발력과 섬세한 움직임이 요구된다. 화가가 붓으로 선을 정교하게 다듬고, 일식 요리사가 일정한 밥알 수를 지키며 초밥을 만드는 것처럼 에스프레소를 추출할 때는 커피에 대한 지식과 경험 그리고 감각의 삼박자가 고루 갖춰져야 한다.

집에서 에스프레소 머신을 사용하는 것은 언뜻 어렵고 번거로워 보이지만 오히려 커피에 재미를 붙인 홈카페 고수들에게는 로망처럼 느껴진다. 에스프레소는 속도감과 섬세함을 바탕으로 완성된다. 과녁에 화살을 맞추기 위해 고도의 집중력을 발휘하는 양궁선수처럼 진한 에스프레소를 만나기 위한 과정에 몰입해 보자. 탬핑Tamping을 하는 순간 팔 전체에 드러나는 근육, 30초 만에 모습을 드러내는 황금빛 크레마Crema가 띄워진 에스프레소 한 잔을 통해 뜨거운 감성을 느껴보길 바란다.

ATTENTION - SURFACE CHAUDE
LA MARZOCCO RECOMMENDS
ACQUA PANNA
FOR THE OPTIMAL BREW
LA MARZOCCO

다가가기

에스프레소를 가늘게 분쇄한 후,
포터필터에 담아 탬핑한다.
그룹헤드에 포터필터를 장착한 후,
추출버튼을 눌러 에스프레소를 추출한다.

준비물

저울
전자동 그라인더
타이머

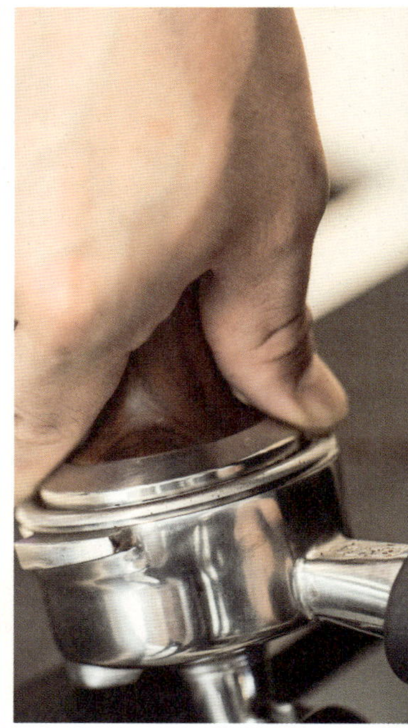

포터필터를 저울에 올려 영점을 맞춘 후
필터 바스켓Filter Basket에 분쇄원두 18g을 담는다.
탬퍼Tamper로 수평을 맞춰 다진 후 에스프레소 머신에
부딪치지 않도록 포터필터를 천천히 그룹헤드에 장착한다.

TIP 전자동 머신 사용법

전자동 머신의 호퍼에 원두를 채우고 추출 버튼을 누른다. 컵에 따뜻한 물과 추출한 에스프레소를 넣어 아메리카노로 즐긴다.

저울에 잔을 올려 영점을 맞춘 후 포터필터 아래에 놓고

추출 버튼을 누르는 동시에 타이머를 작동시킨다.

에스프레소를 24g 정도 추출하면 시간은 28~30초가량 될 것이다.

추출한 에스프레소는 그대로 마셔도 되고, 온수 180g을 희석해 아메리카노로

얼음과 우유 170g을 혼합해 아이스 카페라떼로도 즐길 수 있다.

RECIPE 미디엄 다크 로스팅한 원두 18g → 에스프레소용 원두 분쇄 → 포터필터 물기 제거 → 포터필터에 분쇄원두 담기 → 수평 상태로 탬핑하기 → 그룹헤드에 포터필터 장착하기 → 24g의 에스프레소 추출

CAPSULE COFFEE MACHINE
캡슐 커피 머신

간편하게 똑딱

커피 라이프를 가장 심플하게 즐길 수 있는 방법을 찾고 있다면 캡슐 커피 머신도 괜찮은 선택이다. 캡슐 커피는 반조리 음식을 데워먹는 것과 비슷하다. 아주 훌륭한 커피 맛을 기대하기는 어렵지만 빠르고 간편하게 커피 한 잔을 내릴 수 있다. 캡슐처럼 생긴 용기에는 분쇄된 원두가 담겨 있는데, 질소를 충전한 채로 밀폐 상태를 유지하여 분쇄원두의 향과 맛을 최대한 보존한다. 캡슐을 캡슐 커피 머신에 장착하고 추출 버튼을 누르면 고온고압의 물이 캡슐에 투입되면서 추출이 이루어진다.

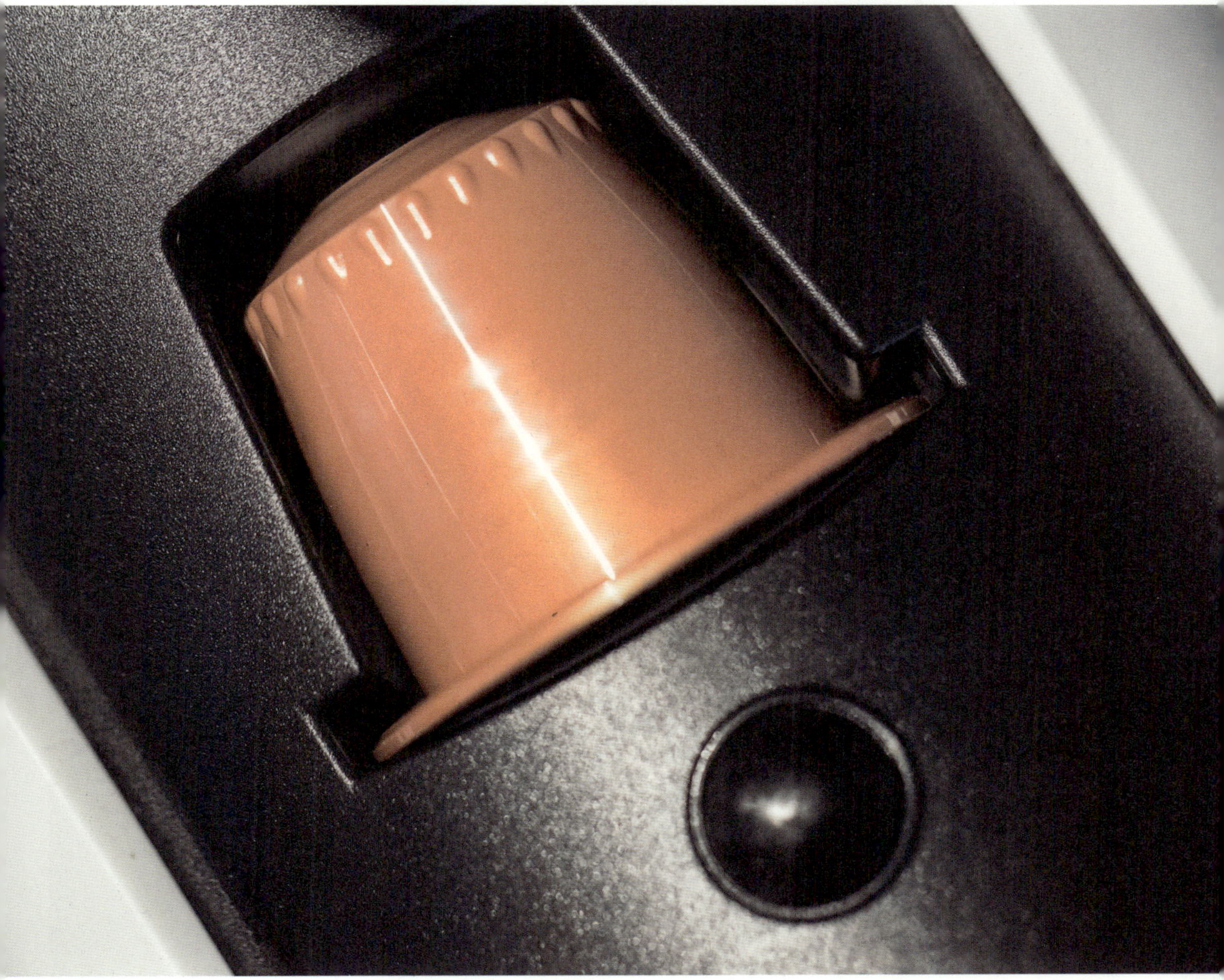

빠르고 간편하다는 장점과 더불어 캡슐 커피 머신의 또 다른 매력은 바로 가격이다. 근래에는 꽤 괜찮다는 캡슐 커피 머신이 10만 원 안팎의 가격으로도 출시되고 있어 집에서 수시로 커피를 마시는 사람들에겐 안성맞춤이다. 하지만 정작 캡슐 커피의 가격은 그리 만만치 않다. 개당 500~1,000원인 가격이 맛에 비해 저렴하지 않다는 생각이 들 수도 있다.

1.5oz
44ml
1oz
30ml
EPSHOT1
ACCURACY ±5%

캡슐 커피 머신을 사용할 때는 원하는 커피 타입과 맛의 강도를 선택할 수 있다.
캡슐 패키지에는 각 커피의 테이스팅 노트가 표기되어 있고,
신맛과 단맛의 강도도 적혀 있다.
캡슐 커피는 마트나 인터넷 쇼핑몰에서도 쉽게 구입할 수 있지만,
제조일자를 파악하기 어렵거나 제조한 지 오래된 경우가 많다.
캡슐 커피는 이미 분쇄된 원두가 담겨 있기 때문에
가까운 시기에 제조된 제품을 선택하는 것이 좋다.
되도록 1개월 이내에 만들어진 캡슐 커피를 구입하길 바란다.

최근에는 스페셜티 커피를 취급하는 로스터리 카페에서도
캡슐 커피를 선보이고 있다.
로스터리 카페의 원두를 다채로운 방식으로 즐길 수 있게 되었으니
반가운 소식이 아닐 수 없다.

CAPSULE MACHINE

다가가기

캡슐 커피 머신에 물을 채운다.
캡슐을 넣고 추출 버튼을 누르면
에스프레소가 추출된다.
에스프레소로 즐기거나 따뜻한 물을 섞어
아메리카노로 마셔도 된다.

먼저 캡슐 커피 머신에 물을 채우고 추출구에 컵을 가져다 놓은 뒤 추출 버튼을 눌러 물을 한번 빼낸다. 캡슐 커피에 담긴 원두의 양이 적으므로 추출량은 되도록 적게 조정하는 것이 좋다. 추출량을 20~25㎖로 맞춘 후 캡슐을 넣고 추출을 한다. 온수 160g을 희석해 마시거나 따뜻하게 데운 우유를 150g 정도 섞어 카페라떼처럼 마셔도 좋다.

RECIPE 원하는 캡슐 커피 선택 → 물통에 물 채우기 → 전원을 켜고 캡슐 커피 머신 예열 → 캡슐 커피 머신에 캡슐 장착 → 20~25㎖로 추출량 맞추기 → 에스프레소 추출

2-9

AEROPRESS

에어로프레스

혁신적인 커피 추출도구

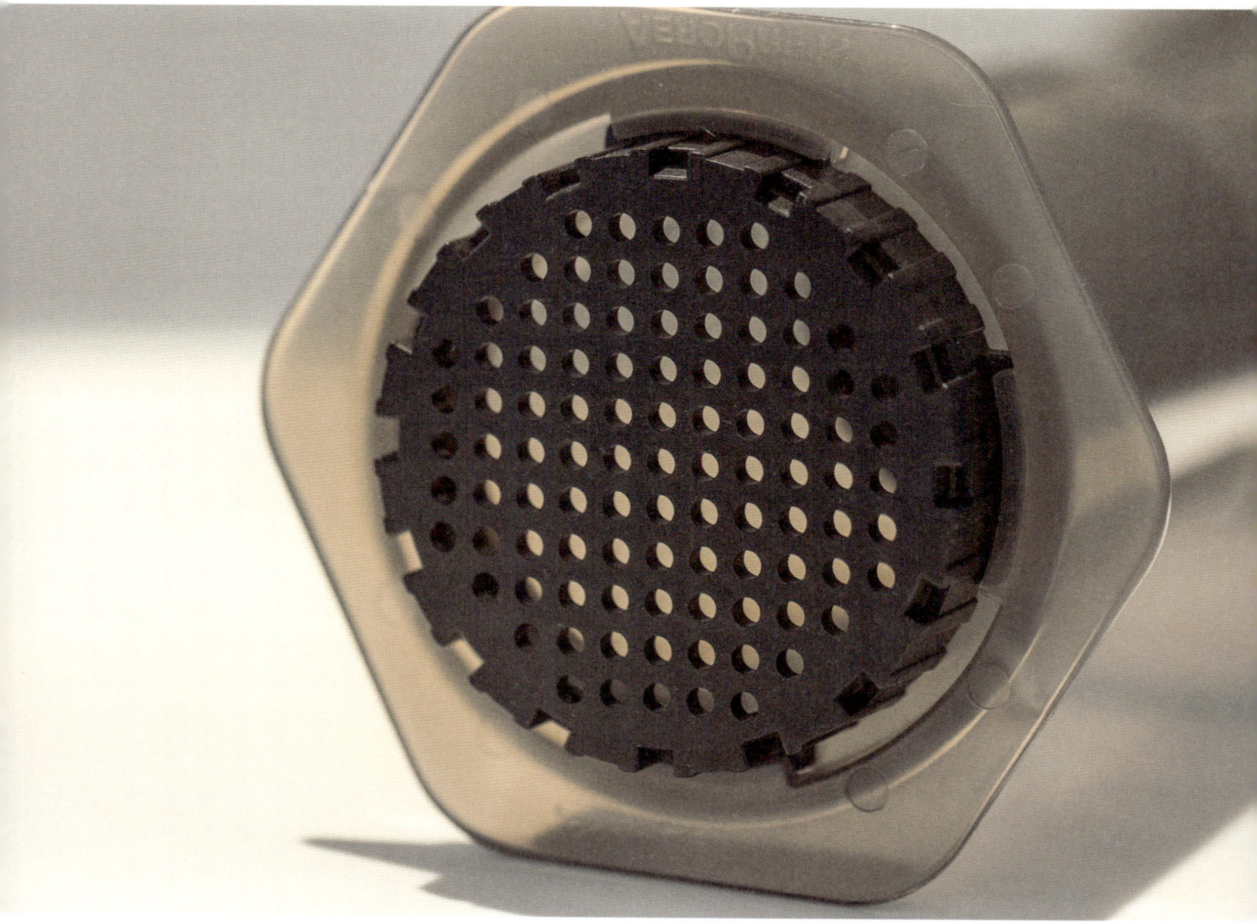

흔히 에어로프레스는 커피 추출도구의 혁신이라 말한다. 여러 추출도구의 장점을 모아 새로운 장르를 개척했다고 평가받기 때문이다. 에어로프레스는 침출식과 가압식 추출방식을 복합적으로 결합해 커피 맛이 깔끔하고 풍부한 바디감이 살아 있으며 추출과정도 복잡하지 않다.

AEROPRESS®
4
3
2
1
350ml
300ml
250ml
200ml
150ml
100ml
50ml

에어로프레스는 생김새 뿐만 아니라 추출 원리 역시 주사기와 닮았다. 약물을 넣고 밀대를 눌러 밖으로 빼내는 주사기의 원리처럼, 에어로프레스는 본체 역할을 하는 체임버Chamber에 분쇄원두와 물을 넣고 손바닥으로 플런저를 눌러 커피를 추출한다. 분쇄원두를 물에 우려 커피 성분을 끌어낸 다음, 마이크로 필터Micro Filter를 활용해 미세한 커피 입자를 걸러낸다. 에어로프레스는 뜨거운 물과 손의 압력으로 커피 성분을 적절히 뽑아내고, 반복된 사용에도 오래 견딜 수 있도록 소재의 변화와 시도를 여러 번 거듭한 끝에 지금의 형태로 자리잡았다. 내구성이 뛰어나고 쉽게 깨지지 않아 야외에서도 수월하게 사용할 수 있다.

에어로프레스는 항상 균일하고 일정한 커피 맛을 선사하는 고마운 추출도구다. 원두의 양과 분쇄도, 물의 양과 온도, 커피를 젓는 횟수, 플런저를 누르는 타이밍 등 몇 가지만 기억하면 원하는 맛의 커피를 어렵지 않게 추출할 수 있다. 또한 에어로프레스는 원두의 분쇄도와 압력을 조절하여 더 진한 커피를 추출해 카페라떼를 만들기에도 좋다. 에스프레소를 추출할 때처럼 원두를 가늘게 분쇄해 강한 힘으로 플런저를 누르면 된다. 청소도 간편하다. 추출이 끝난 후 체임버에 끼운 캡을 분리하고 끝까지 밀어 주면 '똑' 하는 소리와 함께 커피찌꺼기가 빠져나온다. 커피찌꺼기를 버린 후에는 체임버를 깨끗한 물에 씻어 건조한다.

AEROPRESS

다가가기

캡에 종이필터를 넣고 체임버에 끼워
머그컵이나 서버 위에 올려놓는다.
체임버에 분쇄원두를 담고
뜨거운 물을 한 번에 붓는다.
분쇄원두와 물이 잘 섞이도록
저어 준 후 플런저를 결합해
천천히 눌러준다.
기호에 맞게 온수를 희석해 마신다.

준비물

저울
온도계
그라인더
에어로프레스 필터
막대

체임버에 종이필터를 넣은 캡을 끼운 후 서버 위에 올려놓는다.

라이트 혹은 미디엄 로스팅한 원두 22g을

고운 소금 굵기로 분쇄해 체임버에 담는다.

AEROPRESS®
4
3
2
1
300ml
200ml
100ml

92℃의 온수 약 150g을 한 번에 부어 준다.

물을 빠르게 부어 분쇄원두가 골고루 섞이도록 한다.

10초 동안 막대를 수직으로 세운 상태에서 필터 끝에

닿지 않게 주의하며 천천히 잘 저어 준다.

이때는 막대를 손목으로 돌리는 것보다

팔 전체로 원을 그리듯이 돌려주는 것이 좋다.

물을 붓고 50초가 지나면 플런저와 체임버를 결합한 후

10초 동안 천천히 압력을 가해 플런저를 아래로 지그시 눌러 준다.

'치' 하는 소리가 나면 동작을 멈추고 추출을 마무리한다.

100g가량 추출된 커피에 80~120g의 온수를 희석해 마신다.

RECIPE 라이트 로스팅한 원두 22g → 고운 소금 굵기로 분쇄 → 92℃, 150g의 물 → 한 번에 붓기 → 10초간 막대로 저어주기 → 1분 후 플런저 누르기 → 뜨거운 물을 100g 희석해 커피 마시기

2-10

SIPHON
사이폰

마시는 즐거움에 보는 즐거움까지

사이폰은 1842년에 프랑스의 바슈 부인M.Vassieux이 개발한 진공여과식 추출도구인 배큠 브루어Vacuum Brewer를 1924년에 일본인 고노Kono가 개량해 상품화한 커피 추출도구다. 사이폰은 물이 끓을 때 발생하는 수증기의 움직임을 이용해 커피를 추출하며 진공관 구조의 독특한 형태가 눈길을 끌뿐더러, 투명한 플라스크를 통해 커피가 추출되는 과정을 살펴볼 수 있어 마시는 즐거움에 보는 즐거움까지 갖췄다.

BONMAC
MADE IN JAPAN
APPROX
110
注意
CAUTION

사이폰은 두 개의 플라스크로 구성되어 있으며, 하단 플라스크에는 물을, 상단 플라스크에는 분쇄원두를 넣는다. 하단 플라스크를 가열하면 물이 끓으면서 내부가 수증기로 가득 차고, 하단 플라스크의 물은 내부 압력에 의해 중앙관을 따라 상단 플라스크로 올라가게 된다.

그렇게 상단 플라스크의 분쇄원두와 물이 만나 추출이 이뤄지고, 가열을 멈춘 후에는 수증기가 사라지면서 진공 압력에 의해 추출된 커피가 다시 아래로 이동한다. 기압을 활용해 액체를 높은 곳으로 끌어 올렸다가 낮은 곳으로 옮기는 역할을 하는 관을 사이폰이라 하고, 이러한 현상을 사이폰 현상이라 한다.

사이폰의 상단 플라스크에는 필터가 연결되어 있는데, 일반적으로 융필터를 사용하지만 종이필터로 대체할 수도 있다. 융필터는 매번 세척하고 신경 써서 관리해야 하는 단점이 있지만 커피 맛을 더 풍부하게 만들어 주기 때문에 사이폰 커피와 잘 어울린다. 만약 종이필터를 사용한다면 별도로 종이필터용 여과기가 필요하다.

사이폰은 1회 추출량을 기준으로 두 잔, 네 잔, 여섯 잔 즉 2인용, 4인용, 6인용 사이즈가 있는데, 보통 두 잔을 추출할 수 있는 240㎖ 용량의 2인용 사이즈를 추천한다. 사이폰은 물을 끓여 커피를 추출하는 방식이기 때문에 사이즈가 커지면 사용하는 물의 양도 늘어나 추출시간이 길어지면서 쓰고 텁텁한 맛이 강해질 수 있다. 사이폰 커피를 추출할 때는 원두양, 분쇄도, 물양, 커피와 물이 만나는 시간, 막대로 저어 주는 시간, 그리고 열 조절이 핵심 포인트다.
2인용 사이즈일 경우에는 20g의 원두와 180g의 물을 사용하는 것이 좋다.

SIPHON

다가가기

하단 플라스크에 물을 넣고
알코올 램프에 불을 켠다.
상단 플라스크에 필터를 끼우고
하단 플라스크와 연결한다.
물이 끓어 오르면 상단 플라스크에
분쇄원두를 넣고 막대로 잘 저어 준다.
불을 끄고 추출한 커피가 모두 내려오면
맛있게 즐긴다.

준비물

저울
온도계
그라인더
타이머
막대
알코올 램프

하단 플라스크에 온수 180g을 채우고 가열한다. 상단 플라스크에 필터를 끼운다. 필터가 정중앙에 오도록 위치를 조정한다.
하단 플라스크에 상단 플라스크를 연결하고 물이 모두 올라올 때까지 기다린다. 물이 모두 올라오면 20g의 분쇄원두를 상단 플라스크에 넣고 타이머를 작동시킨다. 10초간 막대로 저어 준다.

30초가 되면 불을 끄고 다시 막대로 두세 번 저어 준다.
150g의 사이폰 커피를 추출한다.

RECIPE 라이트 로스팅한 원두 20g → 고운 모래 굵기로 분쇄 → 하단 플라스크에 온수 180g 가열 → 상단 플라스크 연결 → 물이 모두 올라오면 원두 넣기 → 10초간 막대로 저어 주기 → 30초 후 불 끄기 → 150g의 사이폰 커피 추출

Chapter 3

커피를 맛있게 내리는 법

BREWING COFFEE

커피 추출하기

커피 추출의 이해 / 커피필터 사용법

커피 추출온도 / 커피 추출량 / 원두양

원두 분쇄도 / 커피 로스팅

3-1

UNDERSTANDING COFFEE EXTRACTION

커피 추출의 이해

나의 기호에 맞게 추출조건을 조절하자

커피 추출과정

나는 종일 카페에서 일한다. 매일 아침 매장에 출근해 가장 먼저 하는 일은 에스프레소 머신과 그라인더의 상태를 점검하는 일이다. 기계를 예열하고 원하는 추출조건을 설정하는 세팅 과정은 커피를 추출하기 전에 필수적으로 거쳐야 하는 단계다. 그런 다음 로스팅 룸으로 이동해 새로 들여올 커피 샘플을 맛보고 로스터들과 우리 커피의 방향성에 대해 토론한다. 오후에는 다시 한 번 세팅 상태를 점검하며 커피의 향과 맛, 질감, 촉감, 여운 등을 평가하고 기존의 세팅 상태가 잘 유지되고 있는지 확인한다.

aring down cultural walls in England
SALAH
ALLEZ ALLEZ ALLEZ

커피 한 잔에는 여러 사람의 손길과 눈길이 담겨 있다. 커피씨앗이 나무로 자라 꽃을 피우고 열매를 맺어 생두로 가공되기까지 수많은 농부의 손을 거치며 이후에는 커피를 볶는 로스터에게 전달된다. 로스터는 커피의 품종, 생산지역, 가공방식, 플레이버 등의 특성을 꼼꼼히 파악해 커피향미를 표현하는 작업인 로스팅을 진행한다. 로스터의 원두를 건네받은 바리스타는 원두의 상태와 다양한 추출조건을 세심하게 고려해 커피를 추출한다. 길게는 수년의 세월을 거쳐 우리 곁에 다가온 커피는 추출이라는 막이 오르는 순간, 비로소 오랜 시간 품고 있던 고유의 향과 맛, 여운을 뿜낸다.

바리스타가 고민하는 커피 추출은 일반인이 이해하기엔 다소 어려운 전문적인 영역이다. 원두의 특성과 그날의 날씨, 물의 상태 등 파악해야 할 요소는 많은데 통제하기 어렵고 경우의 수가 매우 광범위하기 때문이다. 하지만 우리는 어렵게 생각할 필요가 없다. 몇 가지 기본적인 추출요소만 숙지해둔다면 말이다.

"왜 내가 내린 커피는 항상 맛이 없지?"

지인들은 내게 자주 이런 질문을 하곤 한다. 대부분 감에 의존하고 있기 때문이다. 밥을 지을 때는 물 1g의 차이로 맛의 변화를 기대하기 어렵지만 커피는 물 1g 만으로 맛의 차이가 크게 나타난다. 자신이 생각하는 맛을 염두에 두고 양념의 양이나 조리시간 등을 정해 음식을 완성하는 것처럼, 커피 추출은 쉽게 말해 내가 좋아하는 커피 맛을 만드는 과정이다. 맛있는 커피를 만들고 싶다는 마음과 호기심은 각자 원하는 커피 맛을 찾는 데 큰 도움이 된다. 그 전에 기본적으로 원두와 물, 두 가지 주요 재료의 상관관계를 이해해야 한다.

TIP 커피 추출을 뜻하는 용어

커피 추출을 설명할 때는 두 가지 표현을 사용한다. 보통 커피를 '내리다', '끓이다'라는 의미로 브루잉이라는 표현을 사용하고 에스프레소의 경우, 짧은 시간에 커피 성분을 압축해 뽑아낸다는 의미로 익스트랙션Extraction이라는 용어를 쓴다.

추출요소

물 붓는 시간 | 물의 양 | 물의 온도

커피 맛을 결정하는 원두와 물의 조건

- 원두의 로스팅 포인트가 높고 분쇄도가 가늘수록 신맛보다 쓴맛이 점점 강해진다.
- 추출시간이 길어질수록, 물의 양이 많을수록, 물의 온도가 높을수록 신맛보다 쓴맛이 강해진다.

> **TIP** 좋아하는 커피 맛을 기억하며 내 기호에 맞게 추출조건을 조절한다고 생각하자. 자주 해먹는 음식의 간을 맞출 때, 들어가는 양념과 재료의 양을 어렵지 않게 맞출 수 있는 것과 마찬가지다. 그런 의미에서 커피를 추출할 때는 계량 저울과 타이머, 온도계를 사용해 내가 오늘 마시고 싶은 커피에 어울리는 원두의 분쇄도나 물의 양, 온도 등의 추출조건을 명확히 조절하기를 권장한다.

3-2

HOW TO USE A COFFEE FILTER

커피필터 사용법

모양과 재질에 따라 선택하는 커피필터

— 커피필터 종류

커피필터는 대부분 브루잉 추출도구에 사용되며, 재질에 따라 종이필터와 융필터, 금속필터로 나뉜다. 종이필터는 미세한 커피 입자와 일부 커피의 오일 성분까지 걸러내 맑고 깔끔한 촉감을 만들어 준다. 한 번 쓰고 버리면 되기 때문에 사용과 관리가 편하고 가격이 저렴하다는 장점도 있다.

융필터는 반영구적이라 잘 관리하면 오래 쓸 수 있지만 영구적으로 사용하기는 어렵다. 융은 조직이 커서 커피의 오일 성분이 고스란히 추출되는데, 특유의 미끌거리는 감촉 때문에 풍부한 커피 맛을 즐기는 사람들은 융필터로 내린 커피를 선호한다.

금속필터는 분쇄원두의 미세한 입자까지 그대로 추출하기 때문에 종이필터보다 탁한 커피가 만들어지기 쉽다. 그래서 호불호가 갈리며 개인적으로도 별로 추천하지 않는다. 하지만 일회용 종이필터보다 환경적 측면에서 바람직하고 세척과 관리가 비교적 용이하다는 장점이 있다.

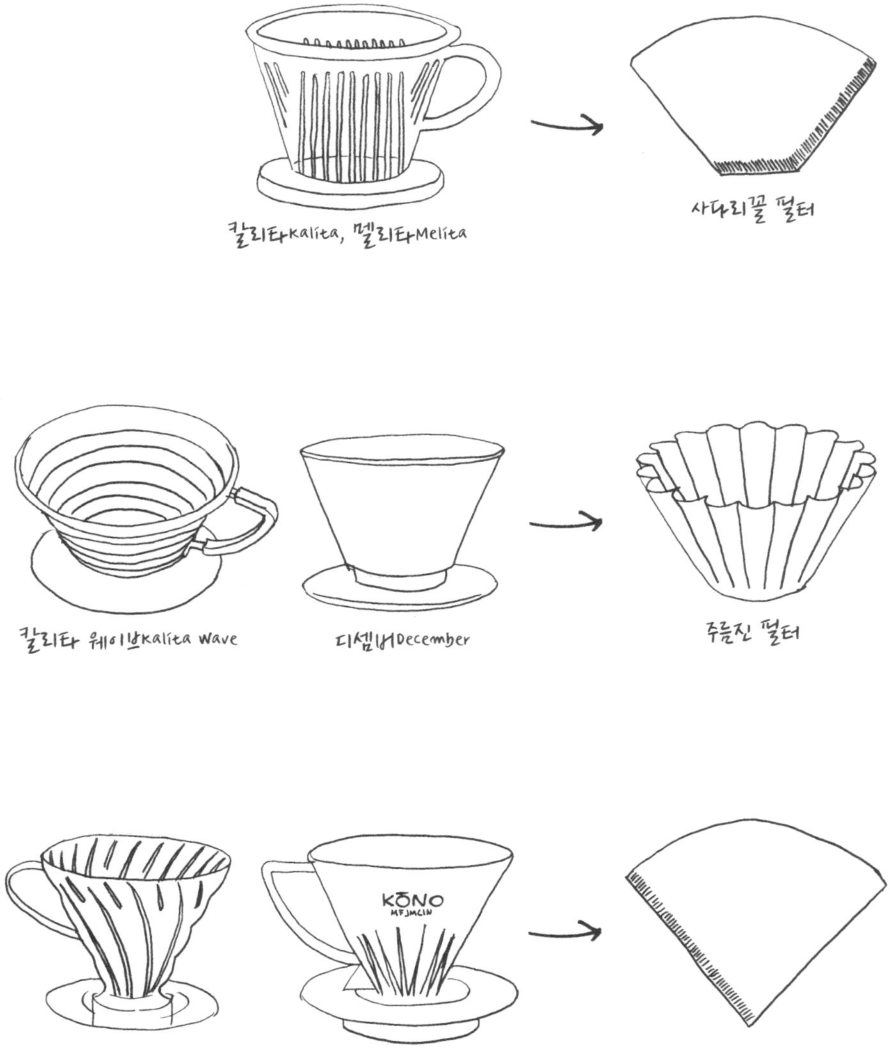

칼리타Kalita, 멜리타Melita
사다리꼴 필터
칼리타 웨이브Kalita Wave
디셈버December
주름진 필터
하리오 V60Hario V60
KONO
고노Kono
원뿔형 필터

종이필터의 종류

드리퍼 모양에 따른 분류

집에서 가장 많이 사용하는 커피 추출도구는 단연 드리퍼다. 드리퍼의 다양한 종류만큼 함께 사용하는 종이필터의 종류도 다양하다. 종이필터의 대표적인 형태는 사다리꼴과 원뿔형이며, 브랜드와 제품에 따라 모양과 크기가 각각 다르므로 잘 확인하고 구입해야 한다.

색상에 따른 분류

종이필터는 색상에 따라 표백처리를 한 흰색 필터와 표백처리를 하지 않은 갈색 필터로 나뉜다. 나는 표백하지 않은 갈색 필터의 미세한 종이 냄새가 싫어 흰색 필터를 주로 사용하는 편이다.

40
50
60
70
80
90
100
110
FELLOW

3-3

COFFEE EXTRACTION TEMPERATURE

커피 추출온도

커피 성분을 결정짓는 요소

—— 물 온도와 커피 성분

물 온도는 커피의 추출력을 좌우하며, 유효한 커피 성분을 끌어내는 역할을 한다. 물 온도에 따라 추출되는 커피의 성분이 달라지는데, 일반적으로 추출 온도가 높을수록 더 많은 커피 성분이 추출된다. 그러나 높은 온도의 물로 장시간 추출한 커피는 커피 성분이 과도하게 추출되어 맛이 떨어지게 된다. 녹차를 뜨거운 물에 아주 오랫동안 우리면 맛이 떫어지는 것과 비슷하다.

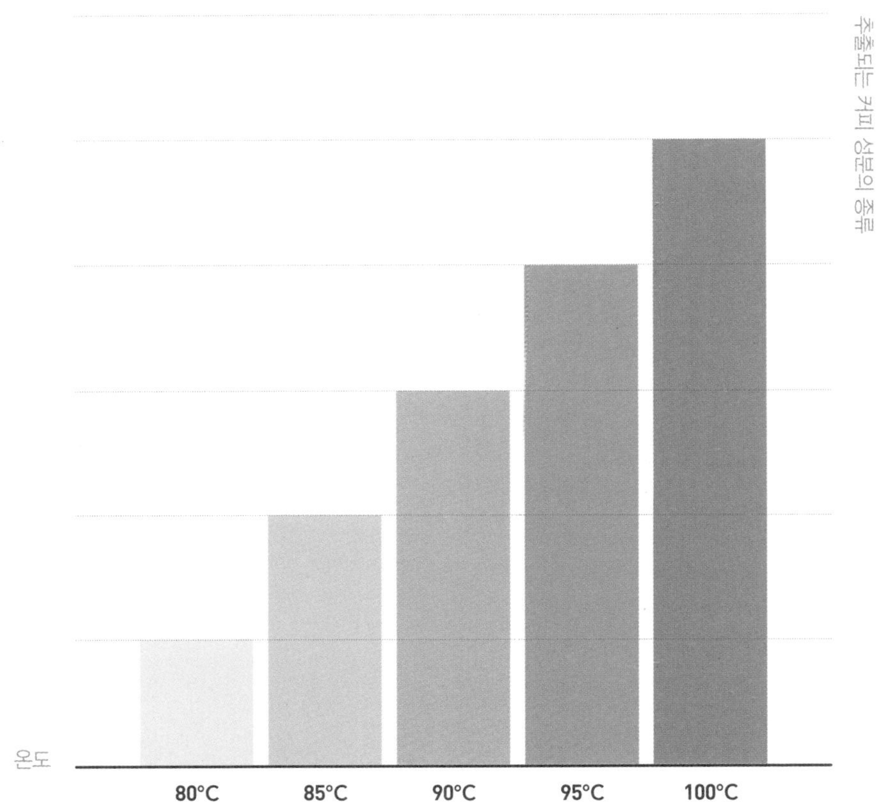

온도가 높아질수록 추출되는 커피 성분의 종류가 늘어난다.

온도에 따라 추출되는 커피 성분의 종류

집에서 커피를 내릴 때 물 온도를 간편하게 조절하고 싶다면 온도 설정 기능이 있는 드립포트를 추천한다. 저렴한 조리용 온도계를 하나 장만해 추출 전 물 온도를 확인해 보는 것도 좋은 방법이다. 물 온도는 적정 온도의 범위만 벗어나지 않으면 된다. 브루잉 커피의 경우 물 온도가 92~95℃로 확인되면 물을 계속 끓일 필요는 없다. 처음 붓는 물의 온도가 92~95℃로 맞춰지면 추출시간이 경과함에 따라 물 온도가 내려가면서 자연스럽게 추출에 적합한 적정 온도를 유지한다. 추출이 진행될수록 원두에 남아있는 커피 성분은 줄어들기 때문에 여러 번 물을 부을 때는 점차 물 온도를 낮춰 주는 것이 좋다.

커피는 원두의 종류와 추출방식에 따라 적절한 추출온도가 다르므로 주의해야 한다.

원두양	20g
커피 추출량	100g
추출시간	3분
온도	95℃

하리오 V60

원두양	7g
커피 추출량	250g
추출시간	1분~3분
온도	85℃

프렌치 프레스

추출도구별 권장 온도

원두양

22g

커피 추출량

100g

추출시간

1분 30초

온도

92℃

에어로프레스

원두양

18g

커피 추출량

20~30g

추출시간

20~30초

온도

93℃

에스프레소 머신

1.5oz
1oz
ACCURACY

3-4

THE AMOUNT OF COFFEE

커피 추출량

원두와 물의 만남

— 커피 추출량과 추출비율

당연한 말이지만 추출에 사용하는 원두의 양에 따라 추출되는 커피 성분의 양은 변화하기 마련이다. 분쇄원두에 물을 부어 추출한 커피 성분을 커피 추출액, 그 과정을 커피 추출이라 하며, 추출에 사용한 물과 물에 녹아 나온 커피 성분의 총량을 커피 추출량이라 한다. 쉽게 말해 분쇄원두에 물을 부어 추출된 커피 추출액의 양이 커피 추출량이다. 또한 커피 추출비율은 추출에 사용된 원두의 양과 커피 추출량의 비율을 의미한다.

TIP 추출시간은 커피 성분의 추출량을, 추출온도는 커피 성분의 종류를, 원두의 분쇄도는 커피의 촉감을 결정한다.

에스프레소

이탈리아식 정통 에스프레소의 추출비율은 리스트레또Ristretto가 1:2, 에스프레소가 1:3, 룽고Lungo가 1:4이다. 예를 들어 8g의 원두를 사용해 1:3 비율로 추출하는 에스프레소의 총량은 한 샷 기준 24g이 된다. 카페에서는 보통 1:3 비율로 추출한 에스프레소를 선호한다. 물론 이것이 맛있는 에스프레소 추출비율을 정하는 기준은 아니다. 마시는 사람의 기호와 만드는 사람의 적정 기준에 맞춘 커피가 최상의 비율을 가진 커피라 말하고 싶다.

리스트레또

에스프레소

룽고

추출비율에 따른 에스프레소의 종류

브루잉 커피

브루잉 커피는 최대 1:10 정도의 추출비율을 유지한다. 커피는 추출비율이 낮아질수록 산미가 도드라지고 깔끔한 맛이 완성되는 반면, 추출비율이 높아질수록 상대적으로 묵직하고 복합적인 맛이 완성된다. 추출비율은 추출의 적정 조건과 범위를 정하는, 바리스타가 만드는 일종의 레시피와 같다. 음식을 지나치게 태우거나 덜 익히면 안되듯이 커피도 권장 추출비율에서 너무 멀어지면 좋은 맛을 내기 어렵다. 브루잉 커피도 나만의 고집스러운 추출비율이 있다. 개인적으로 약 1:5의 추출비율을 선호하는데 20g의 원두를 사용하면 커피 추출량은 100g으로 유지하는 식이다. 또한 여기에 원하는 농도에 맞춰 50~100g 정도의 온수를 희석해 마시는 걸 좋아한다.

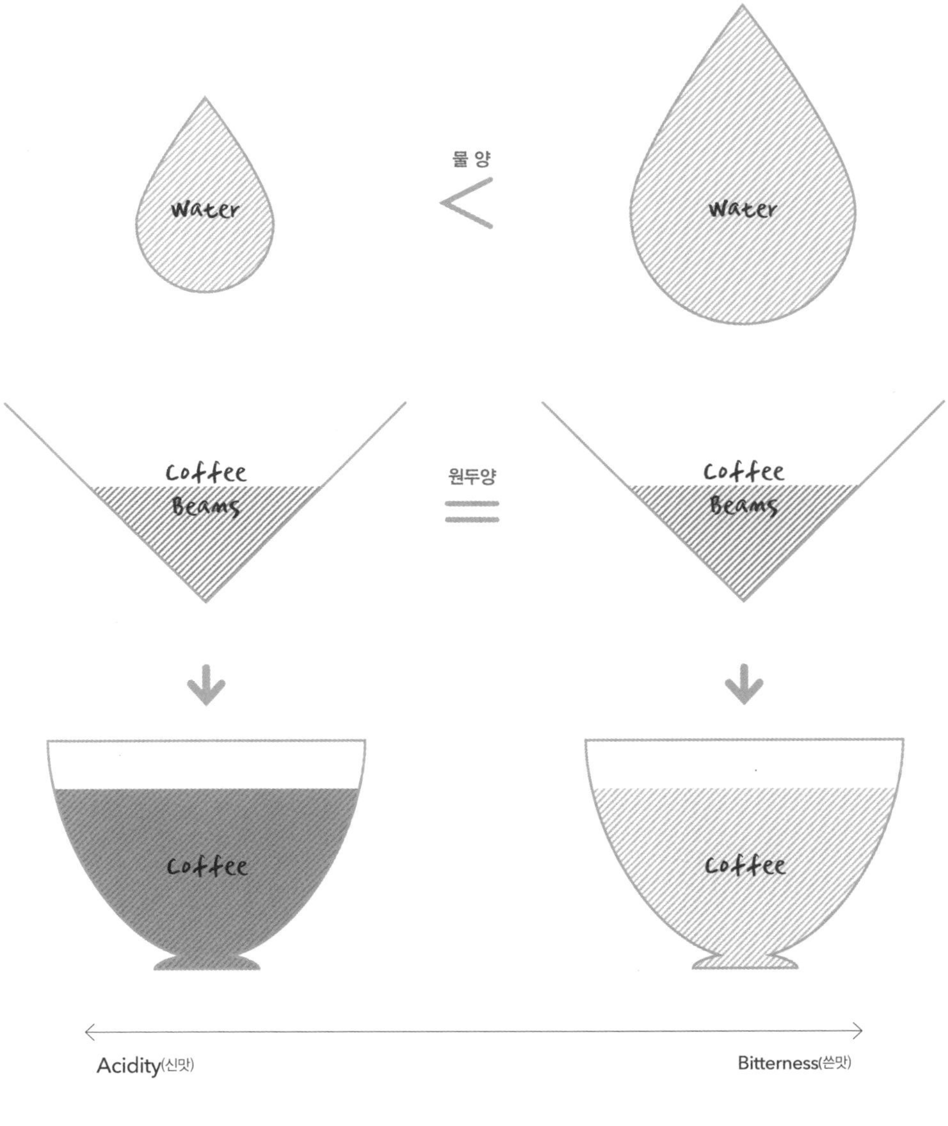
Water
물 양
Water
Coffee Beams
원두양
Coffee Beams
Coffee
Coffee
Acidity(신맛)
Bitterness(쓴맛)

브루잉 커피의 추출비율

추출비율은 각자 원하는 커피 맛과 종류에 따라 물과 원두의 양을 조절하는 적정 기준이라고 할 수 있다. 에스프레소를 추출할 때는 압력을 이용해 짧은 시간에 다양한 커피 성분을 모두 뽑아낼 수 있다. 높은 압력을 가했을 때 분쇄원두의 모든 입자가 골고루 물을 흡수할 수 있도록 분쇄도는 가늘게 조정해야 한다. 에스프레소는 9bar의 압력으로 추출하는 만큼 추출 시간 역시 20~30초 정도로 짧다.

반면 브루잉 커피는 중력에 의해 물이 낙하하는 원리를 이용해 추출하여 추출속도가 비교적 느리고, 물을 부었을 때 커피가루에 물이 고이는 것을 방지하기 위해 원두의 분쇄도를 굵게 조정한다. 브루잉 커피를 추출할 때는 확산 현상이 일어난다. 물에 물감을 떨어뜨리면 고농도인 물감이 저농도인 물로 점차 퍼져 나가는 것처럼 분쇄원두와 물이 만나면 고농도인 커피 성분이 저농도인 물로 확산되는 것이다. 한편, 추출 중간에 잠시 물 붓기를 멈춘 동안에는 분쇄원두의 표면과 내부 사이에 같은 성질을 유지하려고 하는 평형 현상도 일어난다. 손바닥을 차가운 벽에 대면 손바닥의 열이 차가운 벽으로 전달되는 열평형 현상과 비슷한 원리다. 브루잉을 할 때 잠시 물 붓기를 멈추는 이유는 분쇄원두 표면의 성분이 물에 녹으면서 발생하는 평형 현상을 염두에 두고 일정하고 원활하게 추출을 진행하기 위해서다. 이처럼 확산 현상과 평형 현상에 의해 추출되는 브루잉 커피는 2~3분의 추출 시간을 필요로 한다.

3-5

THE AMOUNT OF COFFEE BEANS

원두양

원두는 얼마나 사용해야 할까

— 원두양

"도대체 원두를 얼마나 갈아야 하지?"

커피를 추출할 때 가늠하기 어려운 요소는 여러 가지가 있지만, 그중 가장 먼저 겪게 되는 난관은 원두를 가는 순간 부터일 것이다. 원두의 양은 몇 명이 마실 커피인지, 원하는 농도가 어느 정도인지를 고려해 결정하면 된다.

58.3
T

몇 잔을 내릴 것인가

통상적으로 커피 한 잔을 추출하는 데 필요한 원두양의 기준은 7~10g을 생각하기 쉽다. 원두 10g의 적정 추출량은 50~100㎖인데, 이는 아주 작은 잔을 채우는 정도밖에 안 된다. 그래서 나는 커피 한 잔을 내릴 때, 17~20g의 원두로 150~200g을 추출한다. 이 정도가 일반적인 크기의 잔을 채우는 양이라고 보면 된다. 잔은 보통 에스프레소 잔이 70㎖, 카푸치노 잔이 180㎖, 카페라떼 잔이 210㎖, 머그컵이 400㎖ 용량이다.

두 잔 분량의 커피는 원두도 배를 사용하면 되고, 그 이상의 커피는 도구마다 차이가 있겠지만 되도록 한 번에 두 사람이 마실 양 만큼만 추출하기를 바란다. 한번에 많은 양을 추출하는 것은 필요한 원두의 적정량을 파악하기 어렵고 무엇보다 커피 성분을 골고루 추출해 내기 힘들다. 예를 들어 드리퍼에 세 잔에서 네 잔 분량의 분쇄원두를 넣고 계속해서 물을 부으면 분쇄원두의 위쪽에서만 커피 성분이 과도하게 추출되어 좋지 않은 맛을 낸다. 세 잔 이상의 커피를 동시에 추출하고 싶다면 1~2인용 추출도구를 여러 개 사용하는 것이 좋다.

TIP 과다 추출이 곧 커피의 떫은맛을 의미하는 것은 아니다. 로스팅 과정에서 형성된 떫은맛은 장시간 커피를 추출했을 때 나타나지만 생두 본연의 떫은맛이 아니라면 오랜 시간 추출해도 떫은맛이 나지 않는다. 다만 추출시간이 길어지면 커피의 맛있는 성분만 선별적으로 추출하기 어렵다. 신선식품인 커피는 좋은 향미를 가진 성분이 한정되어 있다. 적절한 추출 범위를 넘어서면 우리가 굳이 느끼지 않아도 되는 성분까지 추출되는데, 이 경우를 과다추출이라 한다.

원하는 커피의 농도

브루잉을 할 때 물을 많이 부으면 커피 성분이 계속 추출되어 농도가 진해진다고 생각할 수 있다. 특정 범위까지는 사용하는 원두양에 비례해 농도가 진해지는 것이 사실이나, 너무 과하게 물을 부으면 오히려 실제 느끼는 체감 농도는 낮아지게 된다. 커피의 성분은 한정되어 있고 일정한 추출 범위를 넘어서면 계속해서 물을 부어도 더 추출할 커피 성분이 없어 물이 그대로 투과되어 단순히 희석되기 때문이다. 150㎖의 브루잉 커피 한 잔을 추출한다면 원두양을 연한 커피는 10g, 진한 커피는 20g으로 설정해 한 번 추출해 보자. 시음 후 그보다 진한 게 좋다면 원두를 조금 더 많이 쓰고 연한 게 좋다면 원두를 조금 더 적게 쓰는 식으로 비교 테스트를 진행하면 이해가 빠를 것이다. 혹은 중간 정도인 15g으로 커피를 추출해 보고 적정 농도를 판단해도 좋다.

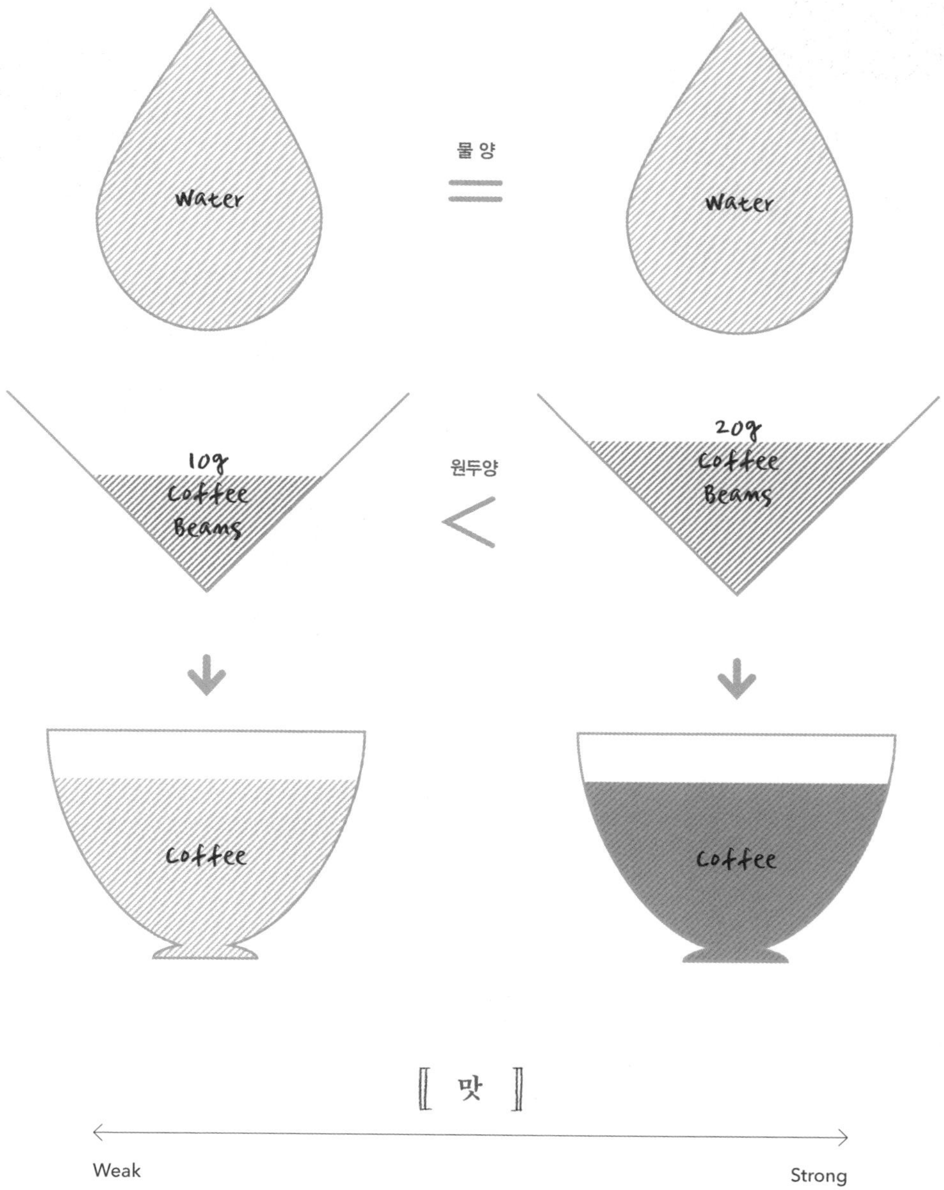

원두양에 따른 브루잉 커피의 농도

3-6

COFFEE GRIND SIZE

원두 분쇄도

분쇄원두와 물이 제대로 만날 수 있도록

— 분쇄도의 개념

집에서 직접 커피를 내려 마신 경험이 많지 않다면 분쇄도라는 개념이 생소하게 느껴질 것이다. 처음 원두를 구입할 때는 '집에서 원두커피 한 번 마셔볼까?' 하는 호기심에서 출발해 근처 카페에서 '원두만 사오면 되겠지' 하고 쉽게 생각했다가 바리스타의 계속되는 질문 공세에 당황하는 경우가 많다. 하지만 절대 어렵게 생각하지 말자. 모르면 전문가에게 맡기면 된다. 이쯤에서 바리스타에게 받을 수 있는 질문 몇 가지를 알아보자.

어떤 도구를 사용하세요?

커피를 추출하는 기구는 다양하다. 드리퍼, 에스프레소 머신, 커피메이커, 모카포트, 프렌치프레스 등 도구마다 추출방식이 다른 만큼 원두의 적정 분쇄도도 차이가 있다. 그러므로 원두를 사러 가기 전에 내가 주로 사용하는 추출도구에 대해 생각해 보자.

어떤 커피를 좋아하세요?

특별한 질문은 아니다. 쉬운 예로 마트에서 포도와 와인을 구입할 때를 떠올려 보자. 그냥 '포도 주세요'라고 했을 때는 아무 얘기 없다가 '와인 주세요'라고 하면 되돌아오는 말들이 있다. "어떤 품종으로요?", "어떤 국가의 와인을 선호하세요?"라는 질문이 줄줄이 이어진다. 커피도 와인과 비슷하다. 품종과 산지, 재배방법, 추출방식에 따라 맛이 확연히 달라진다. 그렇기에 어떤 커피를 좋아하냐는 질문에 대한 가장 단순한 답은 좋아하는 커피 맛을 설명하는 것이다. 쓰지 않은 커피, 과일 맛이 나는 커피, 진한 커피처럼 대략적인 특징을 이야기하면 좋다.

언제 드실 거예요?

커피를 마시기 좋은 최적의 기간을 추천해 주려는 것이다. 구입 후 바로 마실 거라면 당일 로스팅한 원두나 로스팅한 지 2주가 넘은 원두는 피하는 것이 좋다.

BOLIVIA

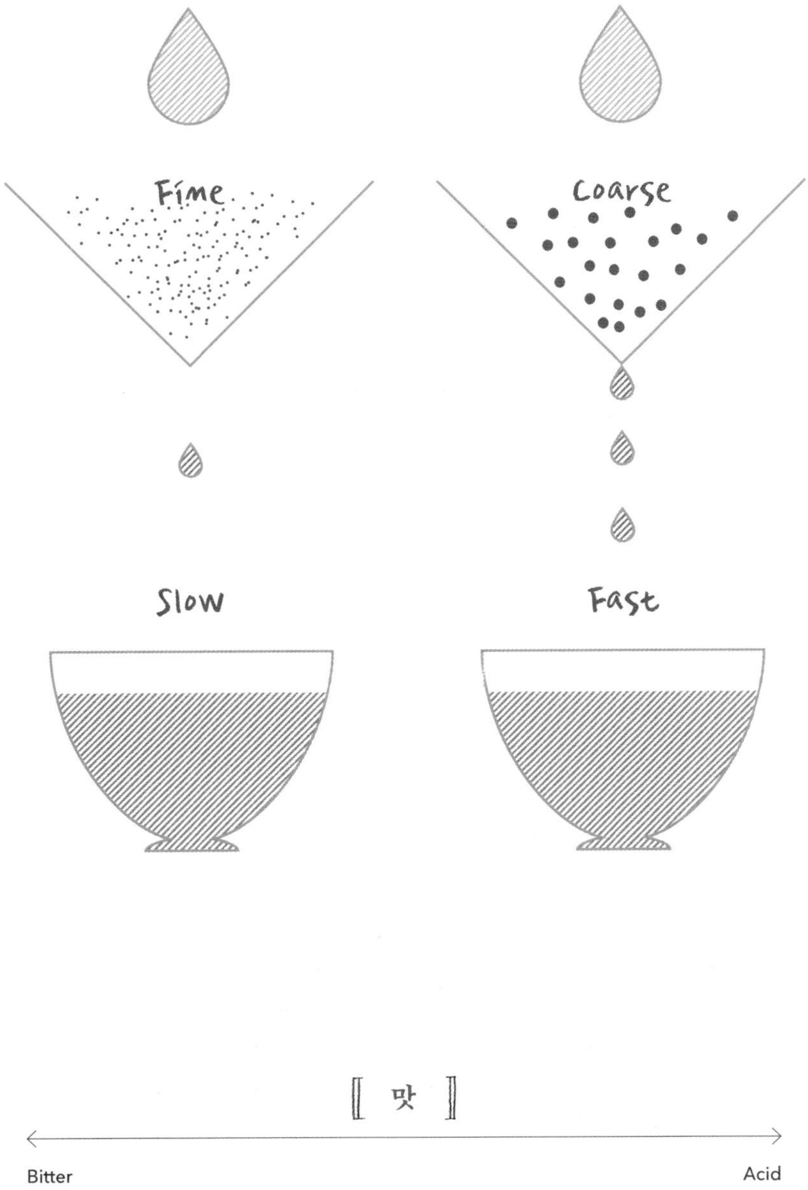

분쇄원두 입자에 따른 추출속도와 맛의 변화

원두의 분쇄도는 추출도구의 종류에 따라 결정된다. 에스프레소용 원두의 분쇄도가 가장 가늘고, 브루잉용 원두의 분쇄도가 가장 굵다. 에스프레소는 강한 압력으로 단시간에 추출하기 때문에 원두를 가늘게 분쇄해야 하고, 브루잉 커피는 중력과 물만으로 추출하기 때문에 분쇄원두의 입자가 너무 가늘면 물이 제대로 통과하지 못할 것이다. 모래사장과 갯벌을 생각하면 이해하기 쉽다. 도구에 따른 분쇄도를 결정했다면, 이후에는 일정 범위 안에서 미세하게 분쇄도를 조정해 커피의 농도를 조절하면 된다. 원두의 분쇄도가 가늘면 물과 만나는 표면적이 늘어날 것이고, 물이 분쇄원두를 투과하는 시간도 길어져 자연스레 더 많은 커피 성분이 추출된다.

3-7

COFFEE ROASTING

커피 로스팅

커피의 향과 맛을 끌어내는 작업

— 로스팅의 개념

로스팅은 생두에 내재되어 있는 커피향미를 끌어내는 작업이다. 이렇게 이야기하면 매우 거창해 보이지만 기본적으로 커피씨앗을 먹기 좋게 볶는 과정이라고 생각하면 쉽다. 커피라는 음료는 정말 신기하다. 어떻게 열매의 과육을 벗기고 씨앗을 말려서 골고루 볶은 다음, 곱게 갈아 물에 타 마실 생각을 했을까? 보통은 과육이나 씨앗을 먹는데 말이다.

요즘은 집에서도 로스팅을 하는 사람들이 많지만 개인적으로 집에서 로스팅하는 것을 그렇게 추천하는 편은 아니다. 앞서 로스팅을 커피씨앗을 볶는 과정이라고 간단히 설명하긴 했지만, 로스팅은 수많은 커피 전문가들이 자신만의 답을 찾기 위해 과학적인 원리와 감각적인 경험을 토대로 오랜 세월 노력을 기울이는 일이다. 생두의 특성과 로스팅 과정에 대한 충분한 연구와 이해가 선행되어야 하는 만큼 전문가들도 쉽게 여기지 못하는 분야다. 커피를 즐기는 것이 중요한 우리는 로스팅에 따른 맛의 변화 정도만 알고 그 맛을 음미하는 데 좀 더 집중하도록 하자.

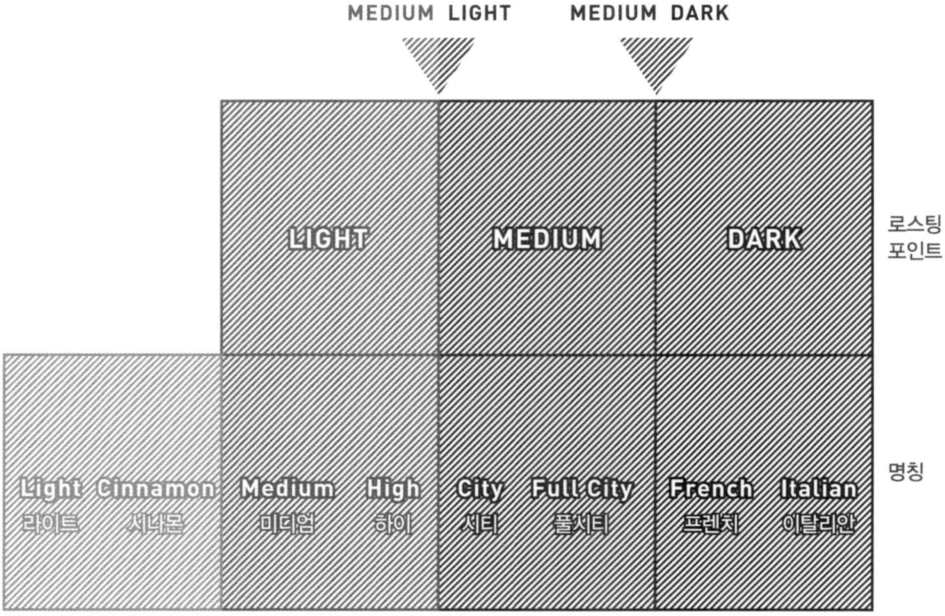
MEDIUM LIGHT
MEDIUM DARK
LIGHT
MEDIUM
DARK
로스팅 포인트
Light 라이트
Cinnamon 시나몬
Medium 미디엄
High 하이
City 시티
Full City 풀시티
French 프렌치
Italian 이탈리안
명칭

각 로스팅 포인트의 명칭

내 취향에 맞는 원두를 선택할 때 로스팅 포인트에 대해 알아두면 좋다. 로스팅 포인트는 로스팅의 강도를 단계별로 구분한 것이다. 로스팅 시간이 짧을수록 원래 생두 색깔과 차이가 크지 않고, 로스팅 시간이 길어질수록 열에 의해 점차 우리에게 익숙한 갈색빛으로 변해간다. 로스팅 포인트는 라이트, 미디엄, 다크의 세 가지로 나뉘며 라이트 로스팅한 원두일수록 산미가, 다크 로스팅한 원두일수록 쓴맛이 상대적으로 강하게 느껴진다.

Chapter 4

커피와 함께하는 이야기

ENJOYING COFFEE

커피 즐기기

카페에서 즐기기 / 여행 가서 즐기기 / 커피 선물하기
뜨거운 여름에 즐기기 / 출근 전에 즐기기 / 비 오는 날 즐기기

4-1

CAFE, CAFE, CAFE

카페에서 즐기기

카푸치노 한 잔의 여유

일상에서 카페를 찾는 이유는 다양하다. 혼자 여유롭게 커피 한 잔을 마시고 싶어서, 개인 작업을 할 때, 누군가를 만날 때 사람들의 발걸음은 아주 익숙하고 자연스럽게 카페로 향한다. 만남의 공간, 휴식의 공간, 영감을 불러 일으키는 공간으로 오늘날 카페는 많은 몫을 하고 있고, 그만큼 우리는 카페와 커피로 점점 더 연결되고 있다. 각자 다른 이유로 카페를 찾지만, 같은 공간에 모인 많은 사람들이 그곳의 커피와, 그곳에서의 시간을 즐긴다.

나는 커피를 시작한 순간부터 지금까지 사람들이 즐기는 커피 메뉴나 카페를 찾는 이유, 음료를 마시는 방식 등에 꾸준히 관심을 기울여 왔다. 바리스타로 일한 지 6년이 되었을 무렵, 로컬 커피 문화가 발달한 호주의 커피 도시 멜버른으로 떠났다. 어릴 적부터 카페 문화와 밀접해 있는 그곳 사람들의 삶을 가까이에서 경험하고 싶어서였다. 호주 사람들은 어릴 때부터 엄마 손을 잡고 자주 카페에 드나들면서 카페 문화 자체를 고스란히 느끼고 자신이 선호하는 커피 스타일을 알아간다. 바리스타에게 음료를 주문할 때도 자신의 기호에 맞게 물 온도와 재료의 양 등을 구체적으로 요구한다. 커피를 마시는 일이 습관처럼 몸에 배어 있는 그들의 모습을 바라보며 많은 자극을 받았다. 어느 정도 노하우와 경험이 쌓인 바리스타로서, 또 커피가 있는 삶을 정말 사랑하는 사람으로서 많은 사람들이 커피를 좀 더 매력적으로 느낄 수 있는 방법이 무엇일지 매일매일 고민하곤 한다.

카페는 앞서 이야기한 것처럼 우리 생활 속에 아주 가깝게 맞닿아 있다. 번화가처럼 사람들이 북적이는 곳은 물론, 몇 년 전부터는 한적한 주택가에도 감각적인 카페들이 속속 생겨나기 시작했다. 대부분 도심 한복판에 자리해 만남의 장소로 기능했던 공간이 이제는 작은 골목 안에서도 사람들의 발걸음을 반긴다. 커피 한 잔과 함께 책을 읽고, 이야기를 나누고, 사색의 시간을 갖는 것은 특별하고 거추장스러운 일이 아니다.
카페에서 느낄 수 있는 특유의 안정감을 더 많은 사람들이 경험했으면 한다. 그러면서 커피를 조금 더 알아가면 좋겠다. 바쁘게 흘러가는 일과에서 잠시 벗어나 남다른 여유를 느낄 수 있는 곳으로 제격인 공간이 바로 카페다. 커피를 주문하고 자리에 앉아 기다리면 그곳에 물든 음악 소리와 주위 사람들의 대화 소리가 서서히 내 주위를 감싼다. 그러다 '우우웅', '치익' 하며 커피를 만드는 소리가 들리면 시선을 바리스타가 있는 커피 바로 옮겨 보자. 바리스타가 절도 있게 움직이며 커피를 추출하고, 우유를 스티밍한 다음 마지막으로 스팀피처를 들어 커피 잔에 우유를 붓는다. 이내 김이 모락모락 오르는 따뜻한 카푸치노 한 잔이 내 손에 소담스럽게 담기면, 천천히 우유거품과 커피의 조합을 느껴볼 차례다. 고소한 맛과 입안을 부드럽게 채우는 촉감을 음미해 보자.

이탈리안 카푸치노
ITALIAN CAPPUCCINO

· 1 Cup(180㎖)
· Espresso 25㎖
· Foamed Milk 150㎖
· + Cacao Powder

4-2

COFFEE TRAVEL

여행 가서 즐기기

커피투어를 떠나 보자

여행은 반복되는 일상에 잠시 안녕을 고하는 가장 보편적인 수단이다. 나는 조금이라도 짬이 생기면 훌쩍 떠나기를 좋아한다. 여행 계획을 꼼꼼하게 세우는 편은 아니지만 여행의 테마나 콘셉트만큼은 꼭 정한다. 유적지나 명소를 돌아보며 그 지역의 흘러간 시간을 되돌아볼 수도 있고, 숲이나 바다에서 자연과 호흡하며 휴식을 취할 수도 있다. 아니면 이국적인 도시 한복판에서 낯설지만 신기하고, 때론 정겨운 지역 문화를 느껴볼 수도 있다. 그렇지만 일과와 고민을 벗어던질 수 있는 가장 심플하면서도 활동적인 여행은 바로 커피투어다. 여행지에 숨은 보석 같은 카페들을 발견하며 즐거움을 느끼는 사람들이 이제는 제법 늘었다. 맛있는 커피와 멋진 카페를 찾아다니는 여정은 바리스타인 내게 필수 코스다. 여행지에서 즐기는 커피의 맛과 공간의 분위기를 맘껏 누리며 메뉴 레시피와 인테리어에 대한 영감을 얻기도 한다.

어디선가 보았던 문구 하나가 문득 생각난다. 여행의 설렘은 떠나고 나서가 아니라 여정을 고민하고 준비하는 시간 속에서 가장 크게 다가오는 것이라고. 하지만 내 생각은 다르다. 여행을 떠나기 전에도, 한창 여행을 하면서도, 또 돌아오고 난 후에도 각자 다른 색깔의 설렘을 느낄 수 있다. 그래서 여행의 모든 순간들은 제각각 모두 의미 있고 소중하다.
짐을 싸고 계획도 나름대로 잘 세워 일정을 체크한 다음, 커다란 캐리어를 끌고 공항에 들어선다. 이때의 설렘은 경험하지 못한 대상에 대한 기대에서 비롯된다. 반나절에 달하는 비행시간 끝에 도착한 호주 멜버른 툴라마린Tullamarine 공항 앞은 낯선 공기와 소리, 사람들로 가득 차 있다. '도착'이라고 적힌 통로에는 멋진 카페들이 앞다투어 진한 커피 향을 내뿜고 있고 여행이 시작되었다는 들뜸은 이제부터 고조된다.

좁은 좌석과 긴 비행에 지칠 법도 하지만 나는 짐도 채 풀지 않고 곧장 카페로 향한다. 개성 있는 카페들이 연달아 모여 있는 디그레이브스 스트리트Degraves Street에 가면 에스프레소를 추출하기 위해 원두를 가는 소리가 끊이지 않고 고소한 버터 냄새가 코끝을 자극한다. 세계 각지의 사람들이 자국의 언어로 거리의 소음을 형성하고 대화의 틈을 채우는 음악들이 더해져 분주하면서도 자유로운 분위기를 느낄 수 있다. 골목의 색깔에 한껏 젖어 발길 닿는 카페에 들어선다. 에스프레소 한 잔을 주문한 다음, 가만히 눈을 감아 본다. 입안에 꽉 차오르는 커피의 맛, 온몸에 내리쬐는 따뜻한 햇살, 콧속 깊이 들어오는 맑고 낯선 공기와 냄새들. 내가 느끼고 있는 것들에 온전히 집중해 본다. 시간이 지나도 커피 향과 함께한 기억은 쉽게 사라지지 않는다. 커피투어는 무심코 지나칠 수 있는 과거의 소중한 순간을 다시 한 번 느끼게 하는 추억 저장소나 다름없다.

THURSDAY, MAY 10, 2018
Companies
are cut adrift
by tariff

에스프레소
ESPRESSO

· 1 Cup(30㎖)
· Coffee Beans 20g
· + Sugar

MELBOURNE CAFE LIST

1 ACOFFEE
2 Rustica
3 Brother Baba Budan
4 Code Black Coffee
5 The Kettle Black
6 Everyday Coffee
7 Padre Coffee
8 Market Lane Coffee
9 Dukes Coffee Roasters
10 Proud Mary
11 Seven Seeds Specialty Coffee
12 St.Ali Coffee Roasters
13 Patricia Coffee Brewers
14 Allpress Espresso
15 Mörk Chocolate Brew House
16 Higher Ground
17 Aunty Peg's
18 Sensory Lab
19 Clement Coffee
20 Auction Rooms
21 Coffee Supreme
22 Lune Croissanterie
23 580 Bench
24 Traveller Coffee
25 Stagger Lee's Cafe
26 Three Bags Full
27 Degraves Espresso Bar
28 Industry Beans

4
프린스 공원
멜버른 대학
28
22
1
25
6
야라 벤드 공원
15
20
11
멜버른 박물관
10
17
8
14
26
21
Melbourne Star
대관람차
24
3
18
Cook's Cottage
13
16
27
9
Southerm Cross
기차역
2
Eureka
Skydeck 88
로열 보태닉
가든스 멜버른

4-3

COFFEE DRIPBAG

커피 선물하기

향기로운 선물, 커피 드립백

소중한 사람에게 건넬 선물의 의미를 되새겨 본다. 주는 사람과 받는 사람 모두를 행복하게 하는 선물은 무엇일까. 선물은 '주고 싶은 마음'이다. 선물을 고를 땐 상대방에게 꼭 필요한 물건이 무엇인지, 최근 관심사가 무엇인지, 평소 좋아하는 색깔이나 냄새, 취향 등을 생각하며 고심하는 시간을 아끼지 않아야 한다.

작지만 따뜻한 마음이 담긴 선물은 소홀했던 관계를 조금 더 단단하게 잡아 주기도 하고, 반대로 꼬여 있던 매듭을 매끄럽게 풀어 주기도 한다. 상대를 지극히 생각하는 마음으로 고른 선물은 받는 사람에게도 진심이 그대로 전해진다. 생각하지도 못했던, 기대하지도 않았던, 그런데 받으면 기분 좋은 선물이야말로 최고의 선물이 아닐까? 그렇게 새롭고 향기로운 커피 선물을 리스트에 넣어 본다.

하지만 선물용 커피를 고르기는 조금 어려울 수도 있다. 집에서도 커피를 자주 내려 마시고 즐기는 지인이라면 원두 선물이 무난하지만, 지인의 취향을 특히 더 까다롭게 고려해야 한다. 선호하는 맛, 사용하는 커피 추출도구, 일주일에 커피를 마시는 횟수 등을 기준으로 선택 범위를 조금 더 좁힐 수 있다.

커피는 기호와 취향을 따르는 음료이기 때문에 모든 변수를 고려하기엔 한계가 있을 수밖에 없다.
누구에게나 손쉽고 원만하게 다가갈 수 있는 커피 선물을 생각해 보면 역시나 커피 드립백이 최고다.

티백에 분쇄한 원두를 1회 분량으로 담아 간편하게 즐길 수 있는 드립백은 별다른 도구가 필요 없다. 드립백 입구 부분의 절취선을 뜯어 컵에 걸쳐 고정시킨 다음, 뜨거운 물을 부으면 금세 원두커피가 완성된다. 작고 가벼워 보관하기도 수월하기 때문에 집, 사무실, 야외 어디에서나 손쉽게 커피를 즐길 수 있다.

요즘에는 스페셜티 커피 전문점에서 품질 좋은 원두로, 패키지까지 개성 있는 커피 드립백 제품을 속속 선보이고 있다. 향기롭고 실용적인 선물을 찾고 있다면, 커피 드립백을 선택해 보자.

커피 드립백
COFFEE DRIP BAG

· 1 Cup(140㎖)
· Coffee Drip Bag
· Hot Water 150㎖

ENJOYING COFFEE

4-4

SUMMER AND COFFEE

뜨거운 여름에 즐기기

간편하고 시원하게 즐기는 콜드브루

푹푹 찌는 더위가 지겹다 못해 야속하게 느껴지는 여름의 한가운데. 시도 때도 없이 찾아오는 갈증과 괜한 헛헛함에 냉장고 문을 몇 번이나 여닫는다. 뭔가를 씹고 삼키는 것조차 귀찮고 싫증이 나서 별달리 입과 턱을 움직이지 않아도 되는 음식만 찾는다. 목을 축이려고 시원한 물만 자꾸 들이켜다, 문득 얼음을 잔뜩 넣은 아이스커피 생각이 간절해진다.

집에서도 아이스커피를 즐기기에는 콜드브루만한 것이 없다. 입맛과 기운이 쉽게 떨어지는 여름철엔 특유의 깊고 화려한 향미를 자랑하는 콜드브루가 반갑게 다가온다. 콜드브루 메이커로 직접 내려 냉장고에 보관했다가 마셔도 되고, 로스터리 카페에서 판매하는 콜드브루를 구입해 그때그때 잔에 따라 마셔도 된다. 먹고 싶을 때마다 바로 꺼내 시원하게 즐길 수 있다는 것이 콜드브루의 가장 큰 장점이 아닐까. 물을 팔팔 끓일 필요도, 열기와 마주할 일도 없다.

최근 르스터리 카페에서 출시하는 콜드브루는 맛도 훌륭하지만 패키지도 훌륭해 보는 재미가 있다. 맥주병, 주스병이 연상되는 유리병, 매끈하고 심플한 형태의 투명한 플라스틱병, 휴대용 술병인 힙 플라스크Hip Flask가 생각나는 알루미늄 재질의 병까지. 독특하고 개성 있는 패키지가 눈길을 끈다.

수시로 아이스커피가 당기는 여름엔 콜드브루를 잊지 말자. 글라스에 얼음을 듬뿍 넣고, 커피와 냉수를 섞어 벌컥벌컥 마시면 지상낙원이 따로 없다.

COLDBREW
BEANPROJECT

COLD BREW
Enjoy your Coffee
www.beanproject.com
BEANPROJECT

콜드 브루
COLD BREW

- 5 Cups(650㎖)
- Coffee Beans 50g
- Cold Water 700g
- 8 Hours

4-5

A CUP OF MORNING COFFEE

출근 전에 즐기기

아침을 깨울 커피

아침의 여유. 현대인에게는 익숙하지 않은 단어나 마찬가지다. 대부분의 아침 풍경은 아마 다들 비슷하지 않을까? 절로 외운 알람 소리에 습관적으로 눈을 떠 이불 속에서 찌뿌둥한 몸을 일으킨다. 가까스로 정신을 차리고 나면 숨 고를 새도 없이 씻고, 옷을 갈아입고, 대충 아침을 챙겨 먹거나 종종 그냥 거르기도 하며 곧장 출근길에 오른다. 사람들은 하루의 반나절 이상을 업무에 파묻혀 지내지만, 그 고된 하루를 깨우는 시간엔 관심이 많지 않다.

무겁고 피곤한 몸을 조금이라도 내려 두고 싶은 마음. 이해하지 못할 사람이 누가 있을까. 그래도 이왕이면 수선스러운 아침보다는 커피와 함께하는 아침 풍경이 더 많아졌으면 좋겠다. 집을 나서기 전에 마시는 커피 한 잔의 소중함을 아는 주위 사람들의 이야기를 들어보면 정말 흥미롭다.

"일찍 자고 일찍 일어나는 습관이 들어서 보통 열시에 잠들어 다음날 다섯 시쯤 일어나곤 한다. 핸드밀로 원두를 느릿느릿하게 갈아 커피를 내린다. 커피 한 잔을 다 비울 때까지 자리에 잠깐 앉아 노트 한 권을 펼쳐놓고 어제의 감상이든, 오늘의 계획이든, 대중없는 상상이든 무엇이든 쓰다가 잔이 비면 나설 채비를 한다. 계절마다 해 뜨는 시간이 다르니 아침마다 커피를 마시는 일정한 시간이 새롭게 다가온다. 특히 겨울은 이른 시간에 주변이 아직 어둑어둑하기 때문에 전등 대신 촛불을 켜면 아늑하고 운치 있는 아침을 맞이할 수 있다."

"원두를 갈아 빳빳한 필터에 담고, 뜨거운 물로 커피를 내리는 과정은 내게 기억을 정화하는 의식과 같다. 어쩌면 주술적인 힘이 있을지도 모른다고 나는 믿는다. 어제의 업무, 관계, 사건들 사이에 있었던 감정들, 간밤에 남아 있던 찜찜한 기억들을 수습하고 가다듬기 위해 커피를 내린다. 별 생각 없이, 때론 애써 아무 생각하지 않으면서 물을 붓고 원두가 서서히 젖어 들며 커피가 내려오는 모습을 바라본다. 컵에 담긴 맑고 따뜻한 커피를 하루를 시작하는 힘으로 받아들이고, 필터 위에 남은 모래알 같은 커피가루들을 치우며 남아있던 어제의 감정들을 모두 털어 버린다. 그러면 한결 가벼운 하루를 맞이할 수 있다."

늘 촉박하고 짧게만 느껴졌던 아침, 커피가 곁에 있으면 하루를 더욱 산뜻하게 시작할 수 있다.

0.5
1
1
0.75
MUFFINSMIX
CITRON

MUFFINSMIX
CITRON
500 g

커피메이커
COFFE MAKER

· 2~3 Cups(360㎖)
· Medium Roasted Coffee Beans 20g
· Water 400㎖
· Paper Filter

4-6

COFFEE ON A RAINY DAY

비 오는 날 즐기기

커피가 그리워지는 날씨

비가 오는 날엔 하늘을 쳐다보기 힘들다. 사람들은 웅덩이를 피하기 위해 땅을 보며 비 오는 거리를 걷는다. 빗길은 촉촉하고 시원스럽지만 마냥 좋지만은 않다. 빗물에 젖는 신발 앞코 때문이다. 걸음걸이가 이상해서인지 몰라도 걸음을 옮길 때마다 물방울들이 발등에 툭툭 튀어 올라 모두 젖어 버리고 만다. 낭만적인 분위기를 연출하기도 하지만 아무래도 찝찝하고 상쾌하지만은 않은 그런 날씨다. 그렇지만 이것 하나만은 많은 사람들이 공감할 것이다. 비가 내리는 날은 커피 향이 더욱 그리워진다는 것.

집 앞 카페를 지나치지 않고, 우산을 접어 빗물을 정성스레 털어낸 뒤 안으로 들어간다. 고소한 커피 향이 은은하게 다가와 까칠했던 기분을 풀어주는 것만 같다. 비가 오는 날엔 창가 자리가 제격이다. 비 내리는 풍경을 감상하며 기분 좋은 음악과 함께 커피를 마시다 보면 마치 특별한 대우를 받는 것 같은 느낌이 든다. 빗소리를 좀 더 가까이에서 듣고 싶을 땐 테이크아웃도 괜찮다. 우산 속에서 빗길을 걸으며 마시는 카페라떼 한 잔은 고소하고 매끄럽게, 평소보다 오래 입안에 여운을 남긴다.

빗속 주택가를 걷다 보면 라벤더 향 섬유 유연제 냄새와 따뜻한 음식 냄새가 풍겨 온다. 냄새만 맡았을 뿐인데, 그 온기가 고스란히 전해진다. 빗속의 따뜻함을 제대로 느끼고 싶다면 걸음을 재촉해 편안하고 아늑한 집안으로 쏙 들어와 직접 커피를 내려 마셔도 좋다. 창문을 살짝 열어두고 빗소리와 비 냄새, 창문에 맺힌 물방울들을 듣고, 맡고, 바라보며 커피 한 잔을 즐겨 보자.

매일매일 의무적으로 집 밖을 나서야 하는 일상이 고되고 힘들 때, 조그맣게 열린 창문 틈을 비집고 들어오는 찬 공기와 차악차악 내리는 빗소리를 집 안에서 느끼고 있으면 저절로 위로가 된다. 세차게 내리는 비 말고, 그렇다고 쭈뼛쭈뼛 깨작거리는 비도 말고 경쾌한 소리를 들을 수 있는, 그런 비가 내리는 날.
커피야말로 내 곁을 지켜줄 가장 좋은 친구가 아닐까.

카페라떼
CAFE LATTE

· 1 Cup(210㎖)
· Coffee Beans 21g
· Espresso 19㎖
· Hot Milk 180㎖

오늘도 똑같다.

정해진 시간, 공간, 일정에 맞춰 걸음을 재촉한다.

뻿뻿한 몸, 익숙하다 못해 무뎌진 감정들.

해야만 하는 일들에 치여 살던 지난날.

잠시, 벗어나 보려 한다.

The Touch
of Your Lips
2017.04

굳이 무엇을 하지 않아도 되는 지금 이 순간.
내 곁엔 커피가 있다.
붉게 물든 하늘이 눈앞에 다가오는 오후,
그리고 따스한 커피향.
얼마 전 떠났던 여행지에서 본 듯한 장면이다.
예쁜 카페 안에서 노을을 바라보며
내 옆에서 같이 커피를 마시던 당신은 말했다.
"이 순간이 또 그리워지겠지?"

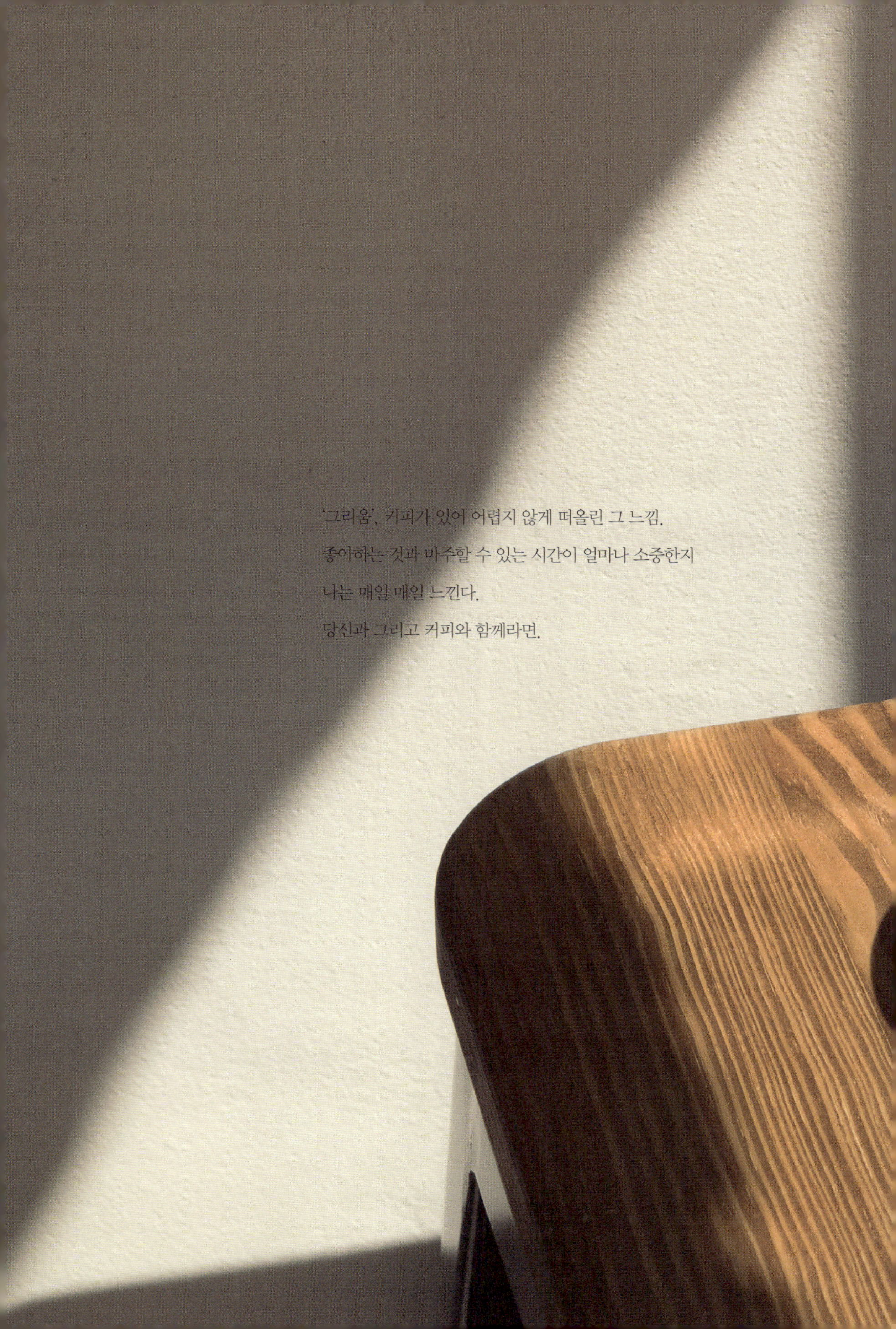

'그리움'. 커피가 있어 어렵지 않게 떠올린 그 느낌.

좋아하는 것과 마주할 수 있는 시간이 얼마나 소중한지

나는 매일 매일 느낀다.

당신과 그리고 커피와 함께라면.

커피 라이프

바리스타가 제안하는 데일리 커피 가이드

2018년 9월 10일 초판 1쇄 발행
2018년 12월 21일 초판 2쇄 발행

지은이 장현우
펴낸이 홍성대
편집 정성희, 이여진, 김하영
사진 김대현, 월간Coffee
디자인 정해진(onmypaper)
마케팅 구영일, 신효영
촬영협조 라마르조꼬 코리아(La Marzocco Korea)

펴낸곳 아이비라인
출판등록 2001년 12월 27일 제311-2003-00049호
주소 (04334) 서울시 용산구 갈월동 18번지 신아빌딩 2층
전화 (02) 388-5061 **팩스** (02) 388-9880
홈페이지 www.coffeero.com

ISBN 978-89-93461-45-9 13590

· 이 도서의 국립중앙도서관 출판시도서목록(CIP)은 서지정보유통지원시스템 홈페이지(http://seoji.nl.go.kr)와 국가자료공동목록시스템(http://www.nl.go.kr/kolisnet)에서 이용하실 수 있습니다. (CIP제어번호: CIP2018026963)